はじめて受け持つ

2 小学校2年生の

学級経営

小川 拓 編著

新しい時代の学級経営とは

　2020年4月、コロナ禍で多くの学校が休校を余儀なくされる中で、小学校では新しい学習指導要領が全面実施となりました。「社会に開かれた教育課程」「カリキュラム・マネジメント」「主体的・対話的で深い学び」「プログラミング教育」など、多くのキーワードが語られていますが、その多くは教科の学びに関することです。

　では、学級経営は、これまで通りでよいのでしょうか。答えは「否」です。もちろん、これまでのやり方を180度転換する必要はありませんが、変えていかねばならない部分は少なからずあります。

　ポイントは大きく二つあります。一つ目は子供たちの「主体性」を伸ばすことです。

　これまでの日本社会は、製品等をより効率的・大量に生産し、流通・販売させることで発展してきました。そして、学校教育では与えられた課題を「速く」「正確に」こなす力を子供たちに養っていました。

　しかし、時代は変わり、今は自ら課題を見つけ、周囲と協働しながら解決・改善していく力が求められています。会社で言えば、製品を作ったり、管理したりする力よりも、新しい商品・サービスを企画したり、販売や流通のアイデアを提案したりする力が求められているのです。今後、単純作業の多くがAI（人工知能）に代替されていけば、その傾向はますます強まるでしょう。

　そうした流れの中で、新しい学習指導要領では「主体的な学び」が提唱されました。とはいえ、子供の「主体性」は教科の学びの中だけで育まれるものではありません。日々の学級活動、学校行事、そして教師と子供たちとの交流なども含め、教育活動全体を通じて育まれていくものです。

　二つ目は、子供たちに「多様な他者と協働していく力」を養うことです。

　今の日本社会は、10年前、20年前とは比べ物にならないほど多様化しています。自分が受け持つクラスに、外国籍の家庭の子供がいるという教師も多いことでしょう。また、現在の学校では、発達に特性のある子供への対応も求められています。こうした流れも含め、これからの時代の学級集団はますます、多様なバックボーンを持つ子供たちで構成されるよう

になっていくはずです。

　実社会に目を向けても、多様化は進んでいます。企業の中には、多様な国籍の人たちが国境を超えて集い、互いに連携しながらビジネスを展開している所も少なくありません。今後、オンライン化やテレワーク化が進む中で、そうした傾向がさらに強まっていく可能性もあります。

　すなわち、これからの時代を生きる子供たちには、多様な価値観・文化・背景と触れ合い、対話を重ねながら合意形成を図っていく力が求められています。そうした背景も含め、新しい学習指導要領では「対話的な学び」が提唱されたわけです。この力も、教科指導だけでなく、生活指導も含めて育んでいくべきものだと言えます。

　つまり、これからの時代の学級経営は、たとえ子供たちが教師の言うことにきちんと従い、完璧に統率が取れていたとしても、活動が受け身で相互理解が図られていないようでは意味がありません。目指すべきは、子供たちがやりたいことを次から次へと提案し、友達と意見交換をしながら、主体的に計画・実行していくような学級です。そうした学級経営こそが、「予測不可能な社会」をたくましく生きていく子供たちを育てるのです。

　本書「はじめて受け持つ小学校2年生の学級経営」は、そうした学級経営を実践するための知恵やアイデアを詰め込んだ実用書です。1〜6年生版の全6冊シリーズで構成され、それぞれの学年の発達段階を踏まえ、効果的な学級経営のやり方等が解説されています。全6冊とも全て、4月の「始業式（入学式）」から始まり、3月の「修了式（卒業式）」で終わる時系列構成になっているので、その時々でご活用いただけます。難しいことは抜きにして、すぐに使えるネタや小技、工夫が満載なので、「学級経営に悩んでいる」という先生や「初めて〇年生を受け持つ」という先生は、ぜひ手に取ってみてください。

2021年3月

小川　拓

3

contents

02 ·············· はじめに 新しい時代の学級経営とは

07 ·········· **PART 1** 学級経営の基本

08 ·········· **1** 絶対に失敗しない学級経営

12 ·········· **2** 2年生担任の押さえておきたいポイント

15 ·········· **PART 2** 4月上旬〜中旬の学級経営

16 ·········· **1** 学級開き

20 ·········· **2** 朝の会

22 ·········· **3** 帰りの会

24 ·········· **4** 授業開き 各教科最初の授業

26 ·········· 国語の授業開き －漢字ビンゴで楽しい学習を－

28 ·········· 算数の授業開き －わくわく感が膨らむ授業に－

30 ·········· 道徳科の授業開き －心って、どこにある？－

32 ·········· **5** 学級目標を立てる

36 ·········· **6** 係・当番活動

42 ·········· **7** 学級会

46 ·········· **8** 給食指導

50 ·········· **9** 清掃指導

55 ········· **PART 3** 4月中旬〜1学期末の学級経営

56 ········· **1** 授業参観

60 ········· **2** 保護者懇談会（4月）

64 ········· **3** 保護者懇談会（6月）

66 ········· **4** 1学期終業式

69 ········· **PART 4** 2〜3学期の学級経営

70 ········· **1** 2学期始業式

72 ········· **2** 感染症予防

74 ········· **3** 2学期末〜3学期始めの配慮と工夫

76 ········· **4** 学年最後の学級活動

78 ········· **5** 修了式

81 ········· **PART 5** いつでも使える！
学級経営の小ネタ&小技

82 ········· **1** 子供の主体性を伸ばす小ネタ&小技

84 ········· **2** 子供の協調性を伸ばす小ネタ&小技

86 ········· **3** 外部の人との連携の小ネタ&小技

88 ········· **4** 学習評価・通知表の小ネタ&小技

90 ········· **5** 保護者対応の小ネタ&小技

92 ········· **6** 提出物処理の小ネタ&小技

94 ········· **おわりに** 教師と子供たちの明るい未来に向けて

イラスト　後藤 美穂

PART 1

学級経営の基本

最高のクラスをつくるために、まずは学級経営の基本を確認しましょう。このPARTでは、絶対に失敗しない学級経営の法則、2年生の担任として押さえておきたい発達段階・道徳性などを解説していきます。

1 絶対に失敗しない 学級経営
―「3つの法則」でより良い学級経営を―

1. 人間関係が良ければ成長する法則

　皆さんは新しい学級を担任したら、どのようなクラスをつくりたいでしょうか。「やさしいクラス」「楽しいクラス」「素敵なクラス」等、きっといろいろな思いがあることでしょう。そうしたクラスをつくるために、何を一番に考えて指導していく必要があるでしょうか。それは、ズバリ**「人間関係」**です。特に小学校の担任は、学級の中の人間関係をより良くするための指導ができなければ、つくりたいクラスはつくれません。

　皆さんは、**「人間関係を崩した」**ことがありますか？

　もう少し、具体的に言うと、「仲間はずれにされたことがありますか？」「特定の人と組織（学級を含む）内で口も聞かないくらい気まずい関係になったことがありますか？」教師になるまでの間でも、一度くらいは経験がある人も多いでしょう。その時、どんな気分だったでしょう。人間関係が苦で、何も手につかなかったのではないでしょうか。

つらくて、何も手につかないし夜も眠れない…。

　人間関係が良くなければ、人は何もやる気が起きなくなってしまいます。右の図はアルダファーのERG理論のピラミットです。このピラミッドのように、「生存欲求」が満たされると、人は「関係欲求」を満たそうとします。「関係欲求」が満たされると自分の成長を満たしたくなるのです。極端な話、人間関係さえより良くできれば、人は勝手に成長していくのです。それは勉強だけに限りません。スポーツや趣味も同じで、自分を伸ばそうと努力を始めるのです。

アルダファーERG理論

英会話を始めたいな！毎日、体力づくりで、ランニングしよう！勉強もがんばろう！！

このことからも、その学年に応じた学級経営を行いながら、人間関係のことも考えながら、学級経営を進めていく必要があります。

2. 褒めることで信頼関係が深まる法則

人は信頼している人の言うことしか聞きません。威圧的な教師や上司の言うことを聞く場合もありますが、それは心の底から話を聞き、態度に表しているのではなく、怖いからやるのであって能動的な行動ではありません。そのような状況下では、大きな成長や創造的な考えは生まれないでしょう。

それでは、子供たちはどのような人を信頼するのでしょうか。それは簡単です。褒めてくれる人のことを信頼するのです。言い換えれば、褒めてくれる人の言うことを聞くのです。心の底からという言葉を付け加えるのであれば、褒める人の言うことしか、「心の底」から聞きません。

より良い信頼関係を築くためには、どのように褒めていけばよいのでしょうか。人間は、人の悪い所はよく目につくものです。気を付けていなくても悪い所やいけない行為は気になります。その部分について指摘するのは簡単です。一方で、褒めるという行為は、常に対象となる子供たちを褒めてあげようという気持ちがなければ、褒めることはできません。そうしなければ、気付かないで流れてしまうのです。

褒める気スイッチ ON

人を褒めるときには、「褒めるという自分のスイッチを入れ、スイッチをオンのまま壊す位の気持ちが必要だ」と考えます。「褒めてあげよう！褒めてあげよう！」という気持ちを常に持たなければ、子供を褒めることはできないのです。

それでは、褒める際にはどこに気を付ければよいのでしょうか。以下、「褒め方10か条」を紹介します。

褒め方10か条

1. 小さなことでも進んで褒める。
2. タイミング良く素早い反応で褒める。
3. 三度褒め、言葉を惜しまない。
4. 事実を具体的に褒める。
5. 成果だけでなく、過程や努力を見逃がさない。
6. 次の課題や改善点を見いだしながら褒める。
7. 言葉だけでなく、体全体で褒める。
8. スポットライトで映し出して褒める。
9. 褒めることを途中でやめない。
10. しんみりと成果を味わって褒める。

3.「きまり」の徹底が学級をより良くする法則

　学校や学級には大きな「きまり」から小さな「きまり」まで、さまざまなものがあります。大きな「きまり」は事故につながったり、人命に関わったりするようなこと、あるいは一人一人の人権に関わるようなことなどが挙げられます。これらの「きまり」は、子供が考えて決めるものではありません。生徒指導に加え、全教科・領域の中で行う道徳教育等を通して、指導の徹底を図っていく必要があります。

　大きな「きまり」ではない小さな「きまり」については、学級の中で決めていくことが大事です。低学年であれば、ある程度は担任が決めてあげる必要もあるでしょうが、なるべく子供同士が話し合いながら決めていくことが望ましいでしょう。

　教室の中には、目に「見えないきまり」がたくさんあるのです。掲示してあるような「きまり」がある一方で、掲示するほどではない「きまり」もたくさんあるのです。例えば、「机の上の教科書、ノート、筆記用具の配置」「自分の上着などをかけるフックのかけ方や使い方」「忘れ物をしたときの報告の仕方やその後の対応」「給食のときの並び方や片付けの仕方」「掃除の始め方や終わり方」「授業のときの挙手の仕方のきまり」等々です。これらの「きまり」を「見えないきまり」と呼びます。そうした「きまり」は、自分たちの生活をより良くすることを目指して子供たちと話し合いながら決め、大きな「きまり」については学校や教師からしっかりと伝えていくことが大事です。

（1）「見えないきまり」の作り方は？

　「見えないきまり」をどうやって作るかというと、良い行いをしている子を「褒める」ことで作っていきます。教室に入ってきたときに、しっかりとあいさつをした子を褒めれば、

「先生が教室に入ってきたときにはあいさつをする」というルールが出来上がります。始業式の日にあいさつについて褒める（指導する）ことができなければ、子供たちは「あいさつはしなくてよいものだ」と思ってしまいます。

　机の上の整理がしっかりとできている子を褒めれば、自分も褒められたいがために、真似をする子も出てきます。その様子を褒めれば、小さな「きまり」は定着していきます。そしてその次の時間、また翌日…といった具合に、整理整頓等ができている子を見逃さずに褒めていければ、クラス全体に浸透していくことでしょう。これは強制的なきまりではなく、子供たちが自ら進んで行う「きまり」にもなっていきます。

（2）全体に関わる「きまり」を決めるときは全体で！

　休み時間などに、子供たちがこのように問い掛けてくることがあります。

　「明日の図工の授業に、○○を持って来ていいですか？」

　この時、即答してはいけません。細かい質問に一人一人対応していくと、後で「聞いた」「聞いていない」「あの子は許可されて、自分は許可されていない」など、人間関係を崩す要因になります。全体に関わる「きまり」の場合には、学級全体に投げ掛けることが大事です。学年の場合も同様で、自分のクラスだけ特別なものを持参していたり、特別な行為をやってよかったりすると、クラス間の人間関係も崩れます。全体に関わる「きまり」については即答を避け、クラス全体・学年全体で話し合い、方向性を決める必要があります。「きまり」を大切にするクラスは、学級経営に秩序と安心感を生み出し、より良い学び舎となるのです。

（3）その他「どうせ張るなら」こんな「きまり」

　できていないことを張り出しても効果はありません。前向きになる掲示を心掛け、積極的な生徒指導をしていくことが大切です。常に前向きな言葉掛けで、子供を育てましょう。

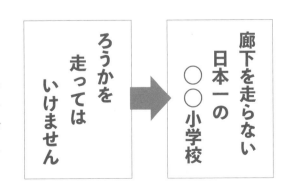

2年生担任の押さえておきたいポイント
－発達段階と道徳性の理解－

1. 2年生の体と心の発達
（小学校学習指導要領 特別の教科 道徳編より）

　入学してから1年が経ち、体も心も大きく成長しました。体力が増し、体調を崩すことも少なくなります。運動能力が増し、ドッジボールなど球技の能力が伸びる時期です。体の成長の安定した時期であるため、手先の器用さが増し、工作などかなり細かい仕事もできるようになります。活動範囲が急速に広がり、動きも激しさを増していきます。そのため、気持ちに体がついていかず、大きなけがにつながることもあるので、配慮が必要です。自我の発達も著しく、時には屁理屈をこねたり口ごたえをしたりすることもあります。

　1年生のときに比べて、周りの人たちとの関係に目が向き始め、グループで遊ぶことができるようになってきます。しかし、まだ自分中心であり、一見、友達と仲良く遊んでいるようでも、子供一人一人の、その時々の気分や興味・関心の向き方次第で、友達と離れたり結び付いたりしており、集団は流動的です。告げ口が多かったり、教師や母親の判断に依存する傾向があったりと自己中心的思考が強く、物事を客観的につかむことが十分にできない時期です。徐々に集団生活に慣れていく時期ですので、2年生後半になるとグループ学習、グループ作業等の共同学習が楽しくできるようになってきます。

2. 2年生の興味・関心

　この段階においては、何事にも興味・関心を示し、意欲的に行動することが多い反面、まだ集団生活に十分に慣れていないために、引っ込み思案になったり物おじしたりすることも少なくありません。そのため、担任がリーダーとなって、クラスみんなで楽しく遊べるような機会をたくさん与えてあげるとよいでしょう。

少しの抵抗やストレスには耐えることができる心の強さも身に付いてきます。そのため、目標を持ってがんばり、それを達成する喜びを感じることもできます。「なんで？どうして？」という疑問は1年生の頃よりもさらに強くなり、どんなことにも理由を説明してほしがります。アニメ、ゲームのキャラクター、本の登場人物などにも関心が強まり、夢中になります。「電車博士」「恐竜博士」「昆虫博士」など、一つのことに興味・関心が強まり、どんどん知識を増やす子もいます。

また、周りの子に関心が出てきて、次第に友達の存在が気になります。周りの子の行動を見て告げ口をしたり、口を出したりするようになるのもこのためです。

3. 2年生の社会性や道徳性

幼児期の自己中心性から十分に脱しておらず、友達の立場を理解したり自分と異なる考えを受け入れたりすることが難しいことも少なくありません。しかし、学級での生活を共にしながら一緒に勉強したり、仲良く遊んだり、困っている友達のことを心配して助け合ったりする経験を積み重ねることで、友達の良さをより強く感じるようになります。

学校生活の何事にも興味を持って、生き生きと活動し、みんなのために働くことを楽しく感じている子が多いので、当番活動や係活動を楽しく行うことができます。また、善悪の判断力を養うこと、基本的な生活習慣を確実に身に付けることを繰り返し指導する必要があります。

4. 2年生の指導に当たって

低学年の子供にとっては「学校は楽しい！」「明日も学校に行こう！」「先生や友達と会いたい！」と思えることが最も大切です。一人一人の子供にとって学級が自分の居場所であり、安全で居心地の良い場所になるよう心掛けてください。一人一人に毎日一回必ず声を掛ける、簡単なミニゲームをする、毎日読み聞かせをする、健康観察のときに次の子の名前を前の子に呼ばせるなど、ちょっとした工夫が学級を明るく和やかなものにします。そして、一人一人をたくさん褒めてあげましょう。長い時間を共に過ごす担任に褒められることは、子供にとってとてもうれしいものです。「いい声！」「その服似合う！」など、なんでも褒められます。

―― 参考文献 ――

・荒木茂『子育て・親育ちの学級懇談会―学級懇談会の話材集 第2集』（一光社）

PART

2

4月上旬〜中旬の
学級経営

　1年間のうちで最も大切だと言われるのが、年度当初の学級経営です。このPARTでは、学級が最高のスタートを切るために、4月上旬〜中旬にすべきことなどを具体的に解説していきます。

1 学級開き
―これからの1年間に希望を持たせる―

1. 2年生の学級開き、ここが大切!

　2年生の子供たちにとって一番の喜び、それは「1年生が入学して、自分たちがお兄さんお姉さんになること」です。前年度は1年間、上級生のお兄さん、お姉さんに教えてもらいながら学校生活を送ってきました。それが今度は、自分たちが先輩となって新1年生に教えることができるのです。1年生と共に学校探検に出掛けることを、とても楽しみにしています。初めてクラスが変わり、担任が代わり、教室の階が変わる。そんな希望で満ちあふれた始業式。子供たちが「1年間楽しくなりそう!」「1年間がんばるぞ!」と思えるようにしたいものです。

(1) 学級開きの準備
①名簿の作成
　名簿は、その学校独自のフォーマットがある場合も多いので、必ず主任に相談しながら進めましょう。
②子供の顔と名前を覚える
　前年度の写真があれば、担任をしていた人から貸してもらい、子供の顔を覚えるようにしましょう。子供たちは大喜びしてくれるはずです。
③時間割の作成
④出席簿、健康観察簿の作成
⑤教材・教具の注文、確認
⑥ロッカー、フック等名前付け
　机、椅子、靴箱、ランドセルを入れるロッカー、廊下のフックなどに名前シールを貼り付けます。ここで名簿順や名前を間違えると保護者の信頼を失うことになりかねません。名簿を見ながら確認し、学年主任にもチェックしてもらいましょう。
⑦最初の1週間の予定を立てる
　始業式後の1週間は、どの授業も授業開きをしたり、身体測定があったりと慌ただしいものです。週の予定(週案)をしっかり立てておきましょう。
⑧担任の自己紹介を考える
　子供たちの前で、初めての自己紹介です。第一印象が良くないと、それをひっくり返すの

は容易ではありません。楽しく、和やかな雰囲気で自己紹介ができるように練習しましょう。また、長すぎるのも良くありません。端的に、そして子供の心をグッとつかむ自己紹介を考えておきましょう。

⑨出会いの黒板を考える

　子供たちを迎える出会いの黒板は、子供を惹きつけるために大切です。また、先輩の教師がどんなふうに書いているかを勉強する絶好の機会でもあります。当日の朝、全クラスを見に行きましょう。素晴らしいと思ったクラスの黒板は、許可を得て写真に残しておき、次回の参考にしましょう。

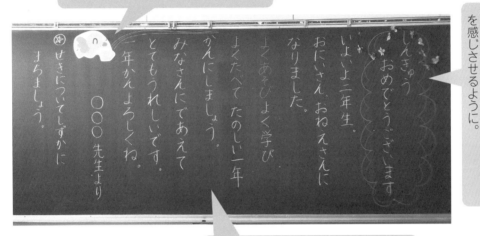

絵や飾りなどを使って華やかに。

進級の喜びや、今年度への期待を感じさせるように。

担任としての願いや思いを書く。

（2）学級開き当日

①あいさつ指導

　初めて教室に入るその瞬間が大切！「おはようございます！」と元気な声で教室に入ります。元気良く返事が返ってきたら、すかさず褒めましょう。

②自己紹介

　子供たち一人一人を大切にするというような熱い気持ちを伝えます。

③健康観察

　一人一人の顔を見ながら、名前を呼びましょう。名前を呼び間違えると、悲しい思いをさせてしまいます。事前に読み方を確認しておきましょう。

④教科書、手紙などを配付

　始業式当日に渡すことになっている配付物を確認しておき、漏らさず配りましょう。安全と人権の観点から、後ろの友達に渡すときは、「はい、どうぞ」と言いながら、隣の友達がいない方に上半身をひねって渡すよう指導します。渡された方は「ありがとう」と言って受け取るよう指導します。

⑤子供たちに翌日の予定を伝える

　時間に余裕があれば連絡帳を書きますが、初日はとても慌ただしいものです。連絡帳は事前にパソコンで作成しておき、それを配付するのも一つのやり方です。学年の教師に相談してみましょう。

⑥ミニゲーム

　初日は、子供たちも緊張しています。心をほぐすミニゲームやクイズなどを用意しておくとよいでしょう。

（3）学級開きの後

①教室環境の整備

　ユニバーサルデザインの観点から、現在は黒板の上など教室の前方には何も掲示しないことが推奨されています。廊下側には、学習の軌跡が見えるものや係活動、当番活動の掲示物を、後方には、生活年表や子供の生活科ワークシート等を掲示します。掲示物については各学校で決まっている場合もありますので、学年で足並みをそろえて教室環境を整えましょう。

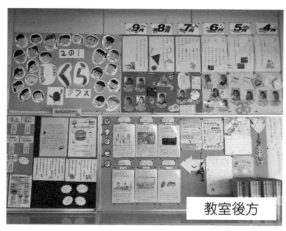

教室後方

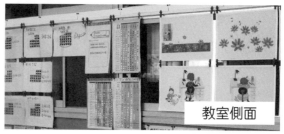

教室側面

②学級通信の作成

　学級通信には、週案を載せたり、子供の活動を載せたりします。保護者は子供の日々の様子を知ることができます。メールで配信をしている学校もありますので、学年の先生に相談して作成するかどうかを確認してください。

③教材研究

　時間があれば、最初の1週間や各教科授業開きの1時間の教材研究をしましょう。備えあれば憂いなしです。

2. 学級開きの留意点とコツ

　学校生活の基本は個人よりも集団です。みんなで気持ち良く生活していくためには、個人よりも公を優先するという社会の基本を学んでいきます。「周りに迷惑をかけない」「人の嫌がることはしない」ということを繰り返し指導します。

　とはいえ、一人一人が集まって集団を形成しているわけですので、担任として一人一人を

大切にするということが大前提です。「先生に大切にしてもらっている」という気持ちを持たせなければなりません。

　また、低学年にとっては、「話を聞く」という姿勢を身に付けることが何よりも重要です。教師が話しているときは、「手は膝の上に置き、目と耳と心で話を聞く」ことを徹底的に指導します。できるまで何度も行い、できたらすかさず思い切り褒めます。ここで時間をかけておかないと、1年間大変な思いをします。「指を1本出したら話をする合図」など、ハンドサインを決めておくのもよいでしょう。

3. 学級開きのシナリオ（経験年数2～10年程度を想定）

　最後に、学級開きの講話例を「赴任1年目の場合」と「何年かその学校に勤務している場合」で示します。

【赴任1年目の場合】

> 　皆さん、おはようございます。とっても元気なあいさつですね。さて、さっき体育館で自己紹介をしましたが、私の名前を覚えていますか？次の3つのうちから選んでください（写真やイラストを用意しておきます）。①スネ夫先生、②（学校名）先生、③○○先生。正解は③の○○です。1年間よろしくお願いします。皆さんに会えてとってもうれしいです。先生は皆さんに会った今日から、皆さんのことが大好きになりました。心配なことや困ったことはいつでも言ってくださいね。さて、先生が皆さんを叱ることは3つです。それは、友達の気持ちや体を傷つけたとき、自分の命が危なくなるような行動をしたとき、3回注意しても直らないときです。大好きな皆さんを守るためですので、覚えておいてくださいね。

【何年かその学校に勤務している場合】

> 　皆さん、おはようございます。とっても元気なあいさつですね。教室を間違えたかなあ。ここもしかして4年生ですか？（と言いながら廊下に出ます。子供たちは、「ここ2年1組だよ！」とうれしそうに言います）やっぱり2年1組でしたね。素晴らしいあいさつです。2年1組の担任になりました○○です。歌を歌うことと、縄跳びで遊ぶことと焼肉が大好きです。さて、ここで一つ問題です。先生が皆さんのことを嫌いになるときはどんなときでしょう？（「友達をたたいたとき」「人の嫌がることをしたとき」などいろいろな答えが出てきます）違います。先生が皆さんのことを嫌いになることはありません。叱ることはありますが、嫌いになることは絶対にありません。1年間よろしくお願いします。

――― 参考文献 ―――

・小川拓『効果2倍の学級づくり』（学事出版）

2 朝の会
―短時間で終えるためのシステム―

1.「システム化」の必要性

　10分間で計画している朝の会が長引いてしまうケースもありますが、あまり好ましくありません。なぜ、長引いてはいけないでしょうか。それは、

1時間目の授業時間が削られてしまう

からです。もし、1時間目に専科の授業が入っていたり、運動会の学年練習が入っていたりすると、他の教師にも迷惑をかけてしまいます。時間内に朝の会を終わらせるために、教師の指示がなくても子供たちが自主的に素早く動けるようにするために、「システム化」することが極めて大切です。

　そのためには、4月当初の指導が非常に大切です。どのように定着させるかというと、「A君、よく分かっているね」など何度も何度も**褒めること**、一方で「まだ座りません、全員起立」など**やり直しをさせる**ことです。しかし、朝一番から重い雰囲気にならないよう、できれば大いに褒めていきましょう。

2.　朝の会の流れ

　朝の会では、次の三つことのみ行います。

---
　① 朝のあいさつ、健康観察（2分）
　② 宿題チェック or 朝の歌（3～5分）
　③ 先生のお話（2分）

（1）朝のあいさつ、健康観察（2分）

　T　「始めます。」
　C　「起立、気をつけ、おはようございます。（全員：おはようございます。）

　教師は長々と説明せず、「始めます」「お願いします」と言い、当番（日直）が号令をかけるようにします。号令が終わったら、着席せずに立ったまま健康観察へと入ります。

　T　「健康観察。」
　C　（一人ずつ）「はい、元気です。」「はい、元気です。」……

答えた子から順に着席していきます。「はい、
元気です」「はい、けがです」「はい、かぜです」
この三つで答えさせます。2年生になると「は
い、昨日の夜から頭が痛くて、朝になっても痛い
です」など、丁寧に答えてくれる子がいますが、
年度当初に「この三つから答えてね」と伝えてお
けば、その通り答えてくれます。

　すると、軽いかすり傷程度でも「はい、けがです」とか、少し咳が出るだけで「はい、か
ぜです」と答える子が出てきます。そこで、やはり年度当初に明確な基準を伝えておきます。
例えば、「**体育に参加できるか、できないか**」を基準にします。

（2）宿題チェックor朝の歌（3〜5分）

　Ｔ　「宿題チェック。○君、漢字やってきましたか？　△さん、音読やってきましたか？」

　まず、昨日忘れた宿題をやってきたか、教師が確認しま
す。宿題を忘れた子は、ホワイトボードに名前を控えておき
ます。忘れた宿題をやってきた子は、持って来させます。確
認できたら名前を消します。

　Ｔ　「宿題を隣同士で交換します。」

　隣同士で交換するのは、やってあるか確認させるためです。

　Ｔ　「忘れた人、立ちます。」

　立っている人に何を忘れたのか教師が聞き、ホワイトボードに名前を書きます。

　全員聞き終わったら宿題を提出させます。提出方法は、音読カードは班長が、漢字ノート
は「集め長」が、など生活班ごとに回収させます。

　朝の会が始める前に提出する宿題を机の上に置いておくようシステム化すれば、宿題忘れ
の子が多くても5分程度で終わります。

※例えば、4人で1班を編成します。班長、集め長、掃除長、給食長と一人一役を与えます。
決めていない場合、1番A君、2番B君、3番Cさん、4番Dさんのように番号を振っておけ
ばよいでしょう。

　朝の会で歌を歌う学校もあると思います。その場合は、登校してきた子供から宿題を出し
ておく（提出のチェックは担任が行う）ようシステム化します。

（3）先生のお話（2分）

　Ｔ　「先生、お話します。」

　こう言ったら、子供が話を聞く姿勢になるようシステム化しておくと、すんなりと話がで
きます。今日の時間割や連絡事項を短く話すよう留意しましょう。

3 帰りの会
―短い時間で褒めて終わる―

1. キーワードは「短く」と「褒めて終わる」

　帰りの会は早く終わらせてあげましょう。子供たちも1日がんばって疲れていますし、頭の中は放課後のことでいっぱいです。「宿題を早く終わらせて友達と遊びたい」「今日のおやつは何だろう」「早くお母さんとお買い物に行きたい」といったことを考え、学校が終わった後のことを楽しみにしている子も多いと思います。

　教師は、なるべく早く「さようなら」をさせるとともに、子供たちのがんばりを一つでも伝え、お互い気持ち良く一日を終わらせることが大切です。

2. 失敗から学ぶ

　とある教師が、6時間目が終わった後、次のように伝えました。

「5分後に帰りの会を始めます。速やかに帰りの支度とトイレを済ませます。」

　しかし、5分後に帰りの会が始まらない日々が続きました。おしゃべりをしながらの帰りの支度、その後のトイレや水分補給、ほぼ毎日、会が始まるまでに10分は要していました。素早く用意した子は遅い子を待っている状況もあり、その教師は、「何やっているんだ！早くしなさい！！」と叱責を始めます。このようなことが毎日続き、叱られた子も真面目に素早く準備をしていた子も、嫌な気持ちで一日が終わっていました。

　こうした状況を解決するために、以下のような工夫が考えられます。

（1）授業終了後、そのまま帰りの会を行う

　帰りの支度やトイレは、帰りの会を済ませてから（「さようなら」が終わってから）行わせることで、帰りの支度が遅い子やトイレに行っている子を全員が待つ必要はなくなります。騒ぐ子やもたつく子を注意したり叱責したりすることもなくなります。

（2）教師が手伝う

　クラスに1〜2名どうしても行動が遅い子はいます。そうした子は、どうすればよいかというと、教師が手伝えばよいのです。ただ、全てをやってあげる必要はありません。例えば「机の中の道具、出しておいてあげるから、すぐにランドセル持っておいで」と言って、持っ

て来させます。友達と話していて遅くなってしまう子も、このように言えば、すぐに持って来ます。

　次に、教師とその子で道具をランドセルに入れ、机の中に何も入っていないか確認します。何度か繰り返して、早く準備ができるようになったら、「昨日より早くなったね。えらい！」と褒めてあげればよいでしょう。

　全部やってしまっては、子供に「自分はやらなくてもいいんだ」と勘違いさせてしまいますので、「先生は○○をやってあげるから、あなたは△△をやりなさい」といった指導が必要です。

3．先生の話も短く

　今日の話も短く終わらせましょう。以下に一例を示します。

明日の時間割等の予定（2分）褒め言葉（3分）

明日、1時間目国語、2時間目算数、3時間目○○、4時間目○○・・・連絡帳にも書きましたが、集金を忘れずに持ってきましょう。

質問ある人？

今日の体育、みんな早く整列できたね。給食の準備と片付けもみんなで協力していた。うれしかったよ。ありがとう。明日もがんばろうね。太郎君、掃除の時間、丁寧に床を拭いていたね。

　連絡事項を説明するときに、話の途中で質問してしまう子をよく見かけます。すると、話が長引いてしまいますので、**質問は担任の話が終わった後にする**ことをルールにするとよいでしょう。

　褒めるときに焦って早口になると、事務的に聞こえてしまい、子供たちの心に響きません。できるだけゆっくり、感情を込めて話します。また、全体を褒めた後、個を褒めるようにするとよいでしょう。

4 授業開き
各教科最初の授業
―学習ルールを身に付けさせる方法―

1. 指示は「具体的」「考えさせる」ことが重要

　2年生になると、少し「お兄さん」「お姉さん」になり、1年前に比べると頼もしさが感じられるようになります。

　とはいえ、まだ「低学年」です。長い話を聞くのは難しく、教師が一度指示を出しただけでは理解できない子もたくさんいます。そうした状況から、高学年を担任した翌年に低学年を担任すると、イライラしてしまいがちですが、怒らず慌てず笑顔で褒めながら学習のルールを身に付けさせていくことが大切です。

　教師が指示を出すときは、何より「具体的」に出すこと、そして「考えさせる」ことが大切です。具体的に、どんな指示がよいのかを解説していきます。

2. 挙手の仕方

　挙手をするときは、手をまっすぐ上げさせます。教師にとって分かりやすいだけでなく、子供の意識も高まります。この時、「手をまっすぐ伸ばします」と指示するのではなく、

「手が天井にささるように手を上げます」

と指示を出します。そして、まっすぐ手を上げている子を見つけたら、

「みんな、○○さんを見て、○○さんのようにまっすぐ手を上げましょう」

と言って、視覚的にも理解させます。これを何度も繰り返すことで、挙手の仕方が定着していきます。

　とはいえ、それでも、定着しない子はいます。腕を曲げてしまう子がいた場合は、教師が腕を曲げて挙手をしながら「これは手を曲げる」、腕を前方に伸ばしてしまう子がいたら、教師が前方に腕を伸ばしながら「これは手を出す。みんな手を上げてごらん」と伝え、修正させます。

3. ノート指導

　子供たちの学力を高めるためには「ノート指導」も大切です。「ノート指導」をする際も、

「見やすいように書きます」「詰めすぎずに書きます」など抽象的な指示をするのは望ましくありません。

　まずは、学級開きで「お手本ノート」に取り組ませます。最初に左のページをなぞらせます。なぞる字は、蛍光ペンや教師用赤ペンで書きます。1ページなぞらせるまでに、教師に3回見せに来る機会を設けま

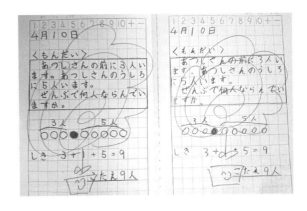

す。教師の合格をもらったら次へ進みます。そうして左ページが全て合格したら、花丸をあげます。そして、右のページを取り組ませます。同じように3回に分けて持って来させます。意識させるポイントは大きく、以下の三つです。

---

① マスからはみ出ないように書かせる
② 余白を使って書かせる
③ 定規を使って書かせる

　同じように、右ページが全て合格したら花丸をあげます。このように、言葉ではなく実際に取り組ませることで子供たちも理解を深めます。

4. 「考えさせる」指示

　場面によっては、教師が具体的に「教える」のではなく「考えさせる」指示が大切です。例えば、机の上に教科書、ノート、筆箱を置く位置について指導する際に、

「勉強しやすくするには、それぞれどこに置けばいいだろう。やってごらん」

と指示を出し、実際にやらせてみます。2年生だと少し時間がかかってしまうかもしれませんが、教師は何も言わず見守ります。友達と話し合ってもよいこととします。全体を見渡し、大半ができていたら、

「教科書が左、ノートが右、筆箱が前だと勉強しやすいね。よくできた。すごい！」

と褒めます。左利きの子は、教科書とノートの位置が逆になるので、

「○○さんのように、左利きの人は教科書とノートが逆になるね。よく気付いたね」

と伝えます。こうして理解させたら、4月中は授業開始時にこまめに確認し、定着させていきます。

―― 参考文献 ――

・向山洋一企画・総監修『「算数」授業の新法則　～2年生編～』（学芸みらい社）
・小川拓『効果2倍の学級づくり』（学事出版）

国語の授業開き －漢字ビンゴで楽しい学習を－

1. 2年生の授業開きは
苦手意識のハードルを下げることが大切

　2年生最初の授業では、1年生で学習したことを生かして、楽しく、学習していけそうだという期待感を持たせてあげることが重要です。学校生活にも慣れて、新しいことにも挑戦したい気持ちが高まっているので、苦手意識のハードルを下げてあげること、自分に自信を持たせてあげる必要があります。

2. 授業の構成

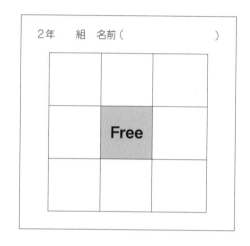

　子供たちは遊びが大好きです。そこで、ビンゴカード（ワークシート）を用意して、そこに1年生までに習った漢字を書き込むように言います。このゲームは、1年生の漢字の復習ですから難易度は低めですが、子供たちの実態を知る上ではちょうど良い活動と言えます。

　子供たちが簡単に8つのマスに書き込めるようであれば、次回からマスを増やしたり、ノートにマスを作らせたりして行うこともできます。そして、2年生の配当漢字を学習していく中でも、ゲーム感覚で漢字の復習ができます。学級の時間や授業が早く終わった隙間時間に取り組めます。

　1年生では80字の漢字を学習しています。これら全部を範囲にすると時間もかかるので、範囲を決めて行うとよいでしょう。例えば「空、手、先、年、金、車、川、入、玉、七、千、

1年生で学習する漢字（80字）

一　右　雨　円　王　音　下　火　花　貝　学　気　九　休　玉　金　空　月　犬
見　五　口　校　左　三　山　子　四　糸　字　耳　七　車　手　十　出　女　小
上　森　人　水　正　生　青　夕　石　赤　千　川　先　早　草　足　村　大　男
竹　中　虫　町　天　田　土　二　日　入　年　白　八　百　文　木　本　名　目
立　力　林　六　（80字）

日の12文字から出ます」と言っておけば、子供たちも安心して取り組めます。

　これらの漢字が書かれたくじを引く回数は、教師が決めて取り組みましょう。上記の場合は、12文字から8文字をマスに書くので、くじは8〜12回まで引くことにすれば、どの子もビンゴできるチャンスがあります。

　子供がビンゴしたら、ビンゴカードに花丸をしてあげます。「ビンゴになったら持ってきてください」と伝え、持ってきた子たち一人一人を「よく書けたね」「字が丁寧ですね」など褒めてあげましょう。

　この活動を通じ、教師はどの子が漢字を苦手としているのかを把握することができ、その後の指導に役立てられます。苦手な子には「先生と一緒にこれからがんばっていこうね」というエールを込めた声掛けをしてあげましょう。

　2回目に行うビンゴの準備をしておけば、「では、第2回戦をしましょう」などと、またすぐに行うこともできます。

　ただ漢字を書くだけで終わらせず、熟語や文章の中で漢字を使えるようにしたいものです。そこで、くじで引いた漢字を板書し、「漢字の上か下に言葉を付け足してみましょう」と言って、考えさせます。熟語ができたら、音読をします。声に出して読むことで、さまざまな読み方を覚えていくことができます。

　最後に、出てきた漢字を使って文章を書かせます。授業で書いたばかりの漢字を、「文章の中で使う」という経験をさせることで、定着させるのです。そうすることで、習った漢字を文の中で使っていこうとする意識も高まります。

「漢字ビンゴ」の板書例

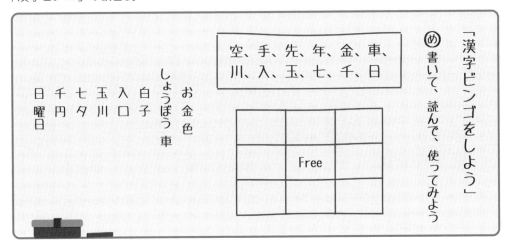

算数の授業開き －わくわく感が膨らむ授業に－

1. 算数が好きになる子供の育成を目指して

　2年生の算数科では、1年生で経験したことを引き出して、それを土台としながら子供と一緒に学びをつくることを意識しましょう。これまでの経験や体験を活かすことができると、子供たちは安心して学習や生活に臨むことができます。

　算数科で育成を目指す資質・能力は「数学的に考える資質・能力」です。数学的に考える資質・能力は、小学校学習指導要領解説算数編において以下のように説明されています。

- ●「数学的な見方・考え方」を働かせ、数学的活動を通して育成されるもの
- ●算数の学習はもとより、他教科等の学習や日常生活等での問題解決に生きて働くもの
- ●育成された資質・能力は「数学的な見方・考え方」の成長にも大きな影響を与えるもの

　日本の小学生は「算数が楽しい」と答えた割合が、国際平均よりも低く、「算数は楽しい、面白い」と感じ、算数が得意になるような授業を創造することが必要です。そのため、導入で子供の興味・関心を引くこと、また、習熟の時間を十分に確保することが大切です。

> **コラム**
>
> ### 九九を逃すな！
>
> 　高学年になって算数でつまずきが見られる子は、九九でつまずいていることが多いと言われます。九九は必ず暗唱できるようにさせてから3年生にしたいものです。「九九がんばりカード」を作成することが多いと思いますが、保護者のチェック蘭を設けて、保護者の合格をもらってから教師の前で言わせるようにすると、子供も保護者も張り切り、家庭との連携にもつながります。

2. 子供のワクワク感が膨らむ授業開きに

　2年生最初の単元は「グラフと表『わかりやすくあらわそう』」です。ねらいは、「身の回りの事象をデータの特徴に着目して捉え、簡潔に表現したり考察したりする力」を養うことです。「身の回りの事象をデータを整理する観点に着目し、その事象の特徴を簡単な表やグラフに表して考察することができるように」します。進級したばかりのこの時期に、クラスの友達のことをもっとよく知って、仲良くなろうという目的意識が持てる単元です。発展的に自分のクラスの子供たちにアンケートを取り、それをグラフと表に表すという学習をするのもよいでしょう。

3. 導入の工夫

　子供たちにとって必要感のある問題、解きたくなるような導入を考えます。教科書の数字はよく練られたものですので、数字は変えずに問題場面を変えるという工夫ができます。学区内にあるお店の名前、担任の名前、学校行事などを問題にすると子供たちの興味を引きます。ときにはパワーポイントで問題を作成したり、実物を用意したりする工夫も効果的です。「グラフと表」では、グラフや表に表さないと分かりづらいことを示すようなパワーポイントを作成するやり方もあります。

4. ノート指導について

　2年生は、黒板の字をノートに写すことに慣れてくる頃です。どの子も同じように板書できるようにすると指導もしやすくなります。「1マスあけて、問題を書きましょう」などと声掛けをしながら、子供と共にノートを作っていきます。自力解決で、自分の考えを書くときも、「ここからここまでの範囲で書きましょう」などと声を掛けると、意識するようになります。教師と同じペースで字を書けるようにするために、板書を声に出しながら書くようにします。

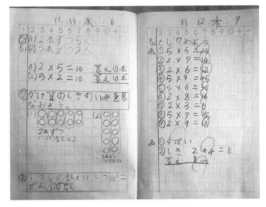

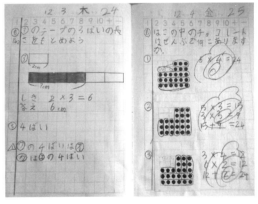

導入	展開	まとめ・習熟
子供の興味・関心を引く問題を提示します。問題場面を読み取ったら、今日の課題を知らせます。	見通しを立て、自力解決をします。いろいろな考え方を出させて、子供と共に練り上げます。	今日この1時間で何を学んだか、何ができるようになったかを明確にします。習熟の時間もしっかり確保します。

図1　授業の流れ

道徳科の授業開き －心って、どこにある？－

1. 2年生の授業開き

2年生はすでに1年間、道徳科の学びを経験していますから、道徳が大好きな子もいれば、嫌いな子もいるかもしれません。そこで、道徳2年目の授業開きは、「リセット」をすることが大切なポイントです。ここでは、「道徳って、やっぱり楽しい！面白い！」と感じてもらえる、とっておきの授業開きを紹介します。

2. 道徳は、そもそも何を考える教科？

「道徳は、何を考える学習（教科）でしょう？」

そう問い掛けると、いろいろな答えが返ってきます。子供たちの中には、「心」と言ってくる子もいると思います。

「なるほど、心。いいですね。では、どんな心があるでしょう？」

そう問い掛けながら、ハートボードを黒板に掲示します。

「皆さんは、どれが好きですか。それは、どうしてですか？」

そう問い掛けて、少し時間を取り、考えてもらいます。自分の考えが定まった頃合いで、1～2人の子に発表してもらったり、ペアや班の子と話し合ったりする時間を取ります。

「2つ選びたいな」とか「決めきれない」などのつぶやきがあれば、

「いくつでもいいよ。理由も教えてね」「友達の考えを聞いて決めてもいいよ」と言うなど、全てのつぶやきを受け入れるように温かい雰囲気づくりに努めてください。

また、このハートボードは、以後の道徳科授業にでも使用します。例えば、「今の主人公（〇〇さん）の気持ちは、何色だろうね」「今のみんなの心はどれ？」といった形で、さまざまな場面で活用できます。

3. 心って、どこにある？

　次に、ハート形をした1枚のカード（両面テープ付き）を全員に配付します。市販のハートの付箋紙でも構いません。

「心は、どこにあると思いますか？貼ってみましょう！」

と問い掛けると、胸に貼る子が多いですが、中には頭に貼る子もいます。その場合は、「どうして、そこにハートを貼ったのですか？」などと問い掛けて、多くの子の発言を聞くようにします。

　ここで大切なのは、正解はないということです。心がどこか分からないけれど、自分のどこかにあるということを実感させることが大切です。わいわいがやがやと楽しく活動しましょう。

　市販のハートの付箋紙には、ピンク色が着色されていますが、画用紙などで白いハートカードを作る場合は、色を塗る活動を取り入れると子供たちはより楽しく取り組めます。

「ハートカードに、自分の好きな色を塗ってみましょう。」

　そう言って、その日の授業開きのまとめの活動にしてもよいと思います。どの子もきれいに塗りますので、「きれいな心だね」「素敵」などと褒めながら、「これからの道徳の授業も楽しみだね」と伝えていくことがポイントになります。

コラム

こころのありか

　「こころのありか」という合唱曲があります。片岡輝作詞・鈴木憲夫作曲の約4分の素敵な曲です。ぜひ一度、聴いてみてください。「心ってどこ？」と思って、クスッと笑顔になります。

---

4. 授業開きで大切なこと

　この授業開きでは、大切なことがいくつかあります。具体的に以下の5点になりますので、押さえておいてください。

> ・多様な発言を認め合える温かい授業にすること
> ・自分の考えをつくりやすくする授業にすること
> ・仲間と共につくり出していく授業にすること
> ・正解はないと安心できる授業にすること
> ・美しく、正しい生き方を目指す授業にすること

5 学級目標を立てる
―教師の願いを入れながら 子供たちが主体となる取り組み―

1. なぜ、学級目標を立てるのか

　学級開きが始まったら、学校から「学級目標を決めるように」と言われ、とにかく期日までに決定させるという意識で学級目標を立てている人も少なくないと思います。そして、ただ教室に掲示してあるだけのいわば「お飾り」のような学級目標になってしまうこともあります。

　そもそも、なぜ、学級目標を立てるのか。それは、

学級のゴール地点を明確にする

ためです。3月、学級が解散する時に「どんなクラスになっていたいのか」を明文化し、1年間、自分たちが立てた目標に向けて取り組むために、学級目標を立てるのです。したがって、

　全力疾走！〇年〇組　みんなでがんばる〇組　温かいクラス　助け合う〇組

などといった抽象的な目標は、お勧めできません。そうではなく、できるだけ具体的に書くことが大事です。

　例えば、

　勉強や運動に一生懸命取り組める〇組　みんなで仲良く協力し合えるクラス

といった具合にです。これでもまだ抽象的なところもありますが、「勉強や運動に一生懸命」「みんなで仲良く協力」という言葉が入るだけで、クラスが目指す姿がイメージできるようになります。

2. 学級目標を決定するまでの流れ

　学級目標を立てる際、子供たちが主体となりながらも教師の意図をいかに組み込ませるか、また、学校・学年の教育目標との整合性をいかに取るかがポイントです。子供に全て委ねては、教師の思いが反映されないこともあります。そこで、次のような流れで行ってみてはいかがでしょうか。

「これから学級目標を決めます。」

「学級目標とは、3月にこんなクラスになりたいという目標です。」

「皆さんは、3月にどんなクラスになっていたいですか？近くの人と話し合ってください。」

「では、発表してもらいます。」（指名して発表）

「先ほど、Aさんが『みんなで仲良くできていたい』と言っていました。」

「この写真（①の写真を見せる）は昨日の休み時間の様子です。」

「男女で楽しそうに遊んでいて、先生、見ていてとてもうれしかったなあ。」

「（②の写真を見せる）国語の授業で話し合いをしたでしょ。1班は、みんなで意見を出し合って協力し合っていて、すごいなあって思ったよ。」

「B君が『一生懸命やる』って発表してくれたでしょ。」

「3日前の掃除の様子です（③の写真を見せる）。掃除も一生懸命やるって素敵だね。」

「（④の写真を見せる）あと、みんなで協力し合ってやっている。この姿、うれしかったなあ。」

　こうして、教師が広めたいと思う子供の行動、うれしかったことを写真や動画を使いながら具体的に伝えます。写真や動画の活用は、具体的に伝えられるだけでなく、子供たちを褒めることにもつながります。

「みんなは、どのように生活したいですか？発表しましょう。」

①

②

③

④

　高学年なら、班で話し合わせ、意見を板書させます。そして、それぞれの班の意見から共通点を導き出し、学級目標を決定します。一方で低学年の場合は、挙手よる発表（複数指名）をさせ、出た意見を教師がまとめていく流れで行います。

3. 掲示の仕方

　学級目標ができたら、教室に掲示します。掲示の仕方を少し工夫することで、とても素敵な掲示物となります。

　模造紙を使う場合、中央に学級目標を貼り、その周りに子供たち一人一人の写真を貼っていきます。この良さは、3学期になった時、1学期に撮った写真を見ながら自分の成長を振り返ることができる点です。たった1年間

ですが、顔つきや髪形などが変わります。学級解散間近には、4月当初のことを懐かしく思いながら、「学級目標が達成できたね」と話しましょう。

　貼り付ける写真は、顔がはっきりと写ったものがお勧めです。学級目標はA3サイズで出力し、中央に貼ります。その下にB4サイズで「学級小目標」（後述）を貼ります。

　高学年の場合、目標を「友」「仲」「絆」「笑」などの漢字で表すこともありますが、2年生の場合は「ともだち」「なかよし」「えがお」などのキーワードを使ったり、手形を付けたりするなどの工夫が考えられます。

　教室や学校によっては模造紙が張れないこともあります。その場合は、A3サイズで出力した集合写真を活用し、学級目標を掲示します（**右の写真を参照**）。「男女関係なく仲良くする」という目標であれば、「3学期はどんな集合写真となっているだろう」などと話します。

4. 学級目標を意識させるための取り組み

　冒頭で述べた通り、学級目標を決めたものの、そのまま「お飾り」になって、子供たちが意識しなくなってしまっては、もったいないものがあります。そこで各学期の目標、いわゆる「学級小目標」を立てるとよいでしょう。「学級小目標」は、学級目標をより具体化したものです。内容（文言）をより具体的にするとともに、「数値」を入れてもよいでしょう。

　「学級小目標」も、子供たちが主体となって決定することが大切です。1学期は6月以降、2学期、3学期は始まってから次のように話し合いを進めます。

「クラス目標をみんなで言いましょう。さんはい。」

「このクラス目標は達成できていますか?」

「今、何点ぐらいですか?発表しましょう。」(指名)

「まだまだということですね。では、クラス目標を達成するために、具体的に一人一人が何をしていけばいいか、発表しましょう。」(指名)

「A君が『あいさつをする』って言ってくれたけど、どれくらいやるのかな?隣の人?班全員?クラスの半分以上?(「10人くらいです」)黒板に書いて。」

「A君のように、どのくらいやるのか言える人は黒板に書いてもらいます。」

　黒板に書かせる際には意見が重ならないよう、発言させてから書かせます。教師はあらかじめ「①」などと番号を書いておき、書く場所を子供たちに把握させます。低学年の場合は、黒板の中心よりやや上辺りに番号を書きましょう。

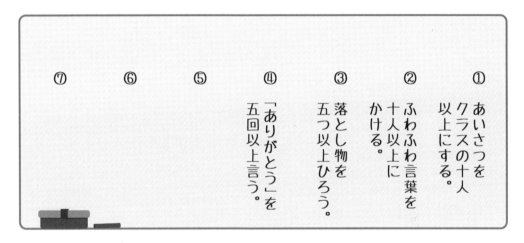

⑦　　⑥　　⑤　　④「ありがとう」を五回以上言う。　③落とし物を五つ以上ひろう。　②ふわふわ言葉を十人以上にかける。　①あいさつをクラスの十人以上にする。

※「ふわふわ言葉」とは、友達を思いやる優しい言葉のことです。

「こんなにたくさん出してくれました。多すぎたら何をすればいいか分からなくなるね。とりあえず二つにしぼりましょう。」

「どれがいいか、1人につき2回手を挙げてください。」

　このように、目標を決めたら教室に掲示します。項目ごとに短冊にしてもいいですし、学級目標の下に貼ってもいいでしょう。決定したら、道徳や学級活動などの時間を使って「あいさつを10人以上できた人、立ちましょう。すごいなあ。立てなかった人は、明日がんばりましょうね」といった形で、項目ごとに聞いていきます。項目の数は、学級の実態に応じて決めますが、通常であれば2〜3がちょうどよいでしょう。

―― 参考文献 ――

・山本東矢『最高のクラスになる!学級経営365日のタイムスケジュール表』(学芸みらい)

6 係・当番活動

1. 係活動と当番活動

係活動と当番活動の違いとは何でしょう。

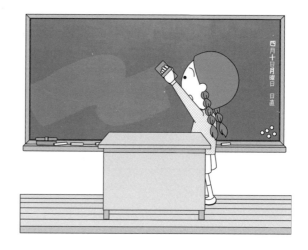

多くの先生は、子供たちに「係活動とは」「当番活動とは」と明確に違いを伝えきれていない気がします。そして、子供たち自身も、違いを意識して活動していないように感じます。

しかし、子供たちに分かりやすく係活動と当番活動の違いを伝えてあげることで、それぞれの活動が充実したものになります。

では、違いについて解説していきましょう。

「係活動」とは、

- あってもなくてもいいもの。でも、あると楽しいもの。
- 自分の好きなことについて、好きなように活動できるもの。
- 活動内容を工夫することができるもの。

（例）新聞／クイズ／4コママンガ／漫才／ダンス／遊び　など

「当番活動」とは、

- 学級で生活をする上で、必要なもの。
- 全員が必ず毎日、活動するもの。
- 活動内容を工夫することが難しいもの。

（例）ノート配り／黒板消し／保健／給食号令／名札　など

2.「会社」を経営しよう!

　先述したように、係活動と当番活動の違いは、子供たちにとって明確に意識しにくいものです。

　そこで、違いを明確にするために係活動を「○○会社」と呼び、子供たちに自分の活動したい会社をつくらせ、「経営」をさせます。

　会社ですので、

- 事業（活動）内容は自由。
- 2週間に1回、事業内容の発表をすること。
- 社員数は自由。
- 退職、転職も自由。
- 事業内容発表後、経営会議をすること。
- 経営会議の結果、倒産や事業内容の変更をすることも可。

とします。

　係活動を決めるとき、「みんなに会社を経営してもらいます!」と話をすると、子供たちは「えー!?会社?」「何するの?」「面白そう!」と目を輝かせ、食い入るように説明を聞きます。

　そこで、「あってもなくても、学校生活に困らないけど、あると楽しい活動ができるものが会社だよ」と、係活動について説明します。

　そして、「第1回会社経営会議」と銘打って、どんな活動をするのか、メンバーはどうするのか、子供たちが自由に相談する時間を設け、会社を設立させます。

　ある程度、話がまとまってきたところで、事業内容を確認します。そうしないと、活動内容が重複することがあるからです。

　ただ、子供たちから「私たちは、生き物に関することに絞ってクイズを出します」「僕たちは、乗り物についてポスターにまとめて、そこからクイズを出すので、そこの会社とは内容が違います」と、お互いに納得しているようなら、会社名を工夫させて別々の会社としてもよいでしょう。

　事業内容が固まったところで、教室掲示用に会社紹介カードを書かせます。子供たちは勝手に「社長」「部長」などを決め始めます。こうして会社経営が始まります。

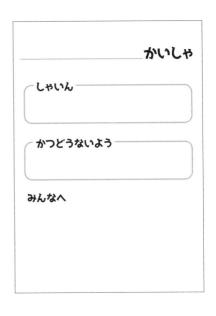

3. 事業内容を発表しよう！

「あってもなくてもいいもの」が会社です。活動しなくても学級の生活で困ることはありません。そのため、放っておくと、活動しないままになってしまう会社が出てきます。

そこで、第1回会社経営会議のときに、全ての会社に事業内容を発表する日を指定します。時間割の事情などもあるとは思いますが、朝の会に「会社の発表タイム」を設定し、発表させるとよいでしょう。

「漫才会社」はその日までに漫才の練習をし、披露をします。「クイズ会社」はクイズを出題します。常時活動のある新聞会社などは「新しい新聞を発行しました。掲示するので、皆さん、見てください」と告知するだけでも構いません。全ての会社が必ず発表し、活動をします。

4. 会社経営会議を開こう！

全ての会社の発表が終わったら、会社の経営内容について振り返るために、経営会議を開きます。

「1. 発表で良かったところ」では、漫才会社なら「みんなが笑ってくれた」や、新聞会社なら「社員みんなで協力して新聞が作れた」などが挙がることでしょう。それらについて褒め、次回も続けられるように声を掛けます。

「2. 発表で失敗したところ」では、4コママンガ会社なら「発表の前日ぎりぎりまで作品を完成させられなかった」や、ダンス会社なら「練習不足で、みんなの息が合わなかった」などが挙がることでしょう。これらを踏まえ、次回の発表計画を立てさせます。そうすると、

だい2回 会社けいえい会ぎ
会社名 〇〇会社 社いん △△ □□ ××
1. はっぴょうでよかったところ
2. はっぴょうでしっぱいしたところ
3. じかいのけいかく

「今度はここをこうやって工夫しよう」と、さらに活動をより良くしていくための話し合いになっていきます。

その中で、「上手くいくと思ったけれど、やってみると難しかった」と倒産する会社や、「他の会社の活動に加わりたい」と転職する子も出てくるでしょう。それはそれで構いません。会社は「自分の好きなことについて、好きなように活動できるもの」であるからです。子供たちが考え、工夫し、成長していけばよいのです。

5. 学級で生活する上で、必要な「当番活動」

　次は、当番活動について考えていきましょう。当番活動は「学級で生活する上で、必要なもの」であり、「全員が必ず毎日、活動するもの」です。

　そこで、学期の最初に、子供たちに生活に必要となる仕事を挙げさせていきます。2年生なら、1年生での経験を踏まえて幾つか挙がると思いますが、足りなければこちらからある程度、示してしまっても構いません。

　ノート配り、黒板消し、日付記録、整列号令…、一つの仕事に対して、一人一人がきちんと働ける程度に人数を割り振ります。人数が多すぎると、働かずに済んでしまう子が出てくるからです。

　高学年になると当番活動を日替わりで、ローテーションさせることもあるでしょうが、低学年のうちは当番活動を固定して、一つの仕事をさせることをお勧めします。そうしないと、自分の仕事を覚えることができないまま、過ぎていってしまう子が出てしまうからです。子供たちも毎日、同じ仕事をすることでコツをつかみ、少しずつ上手に働くことができるようになります。

【当番活動の例】30人学級の場合　（　）内は人数。

●**黒板1**（2）　●**黒板2**（2）　●**黒板3**（2）　●**黒板5**（2）
　…各授業後、黒板を消す。4時間目終了後は給食なので、チョークの粉が飛ぶため、消さない。清掃時間に清掃担当の子が消す。

●**配り**（4）　●**窓開け**（1）　●**窓閉め**（1）　●**電気点け**（1）　●**電気消し**（1）

●**保健**（2）…朝の会で健康観察をし、観察カードを保健室へ届ける。

●**記録**（1）…黒板に今日の日付や、後ろの黒板に月・週のめあてを書く。

●**名札**（1）…登校後、下校前に名札の着脱を呼び掛ける。

●**学習**（2）…専科の先生から次回の予定を聞き、クラスに連絡をする。

●**整列**（2）…低学年は学級委員がいないので、整列するときに号令を掛ける。

●**体育**（3）…体育の授業で準備運動の号令や器具の準備をする。

●**机**（1）……机の整頓をしたり、先生の給食机の準備をしたりする。

●**給食献立表**（1）…給食献立表（日めくり）をめくる。

●**チェック**（1）……全員が当番活動をしているかチェックする。詳しくは後述。

---

6. 当番活動は全員が必ず毎日、活動する

当番活動は、一人一人が責任を持って活動しなくてはいけないことを子供たちに意識付けます。高学年になって、委員会活動などで学校に関わる仕事を任されてから、「責任を持って働きなさい」と指導するのでは遅いからです。

低学年のうちから、一人一人に役割があり、「責任を持って働かないと学級生活が機能しない」「他人に迷惑が掛かる」という意識を培っていきます。

そこで、全員が必ず毎日、活動するために当番表とチェック体制を工夫します。1学期の当番活動を決めるとき、右のような名前札を作成します。

細長く切り、上に穴を開けた画用紙の表に自分の名前を書かせ、裏には「できました！」と印刷します。

学期ごとに当番が変わっても通年で使用することができるようにラミネートします。

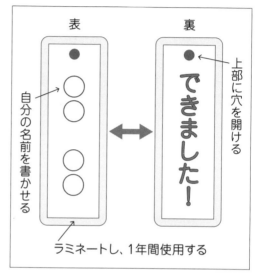

これを、掲示板にフックの付いた画びょうで掲示し、子供たちはその日の自分の仕事をしたら「できました！」の面に裏返します。これで、誰が今日の仕事をしたか・していないかが一目瞭然です。

しかし、移動教室での授業がない日は、整列当番の仕事がありません。黒板当番も、授業で必ずしも教師が板書をするとは限りません。こうした場合は、「欠席者の分の当番の仕事を手伝う」あるいは「教室のごみを10個拾う」を仕事とし、それを済ませたら名前札を「できました！」に裏返してよいことにします。

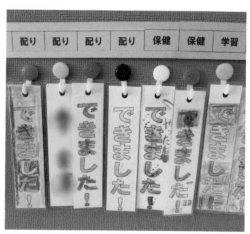

そして、帰りの会でチェック当番が名前札をチェックし、「○○さん、□□さん、仕事ができていません」と声を掛けます。そこで名前を呼ばれた子は、その場ですぐにごみを拾い、名前札を裏返します。そうすれば、帰りまでに全員が必ず仕事をこなすことができます。

全員が仕事をできていれば、帰りの会でのチェック時間は、チェック当番の「全員できました」の一言で済みます。しかし、仕事をしていない子がいれば、ごみを拾っている間、他

の子は待たされます。

　そうすることで、「自分が仕事をしないとみんなに迷惑が掛かる」と、仕事に責任を持って取り組む意識が培われます。

　この名前札は翌朝、チェック当番が名前が書かれた表面に掛け直すことで、その日の当番活動がスタートします。

7.　当番活動も振り返ろう

　ある程度の日数が経つと、子供たちも自分の当番活動に慣れてきます。そこで一度、学級全員で当番活動の現状を振り返ります。

　「当番活動が始まって1カ月が経ちましたが、何か問題点や困っている点はありませんか?」と問い掛けると、「5時間目の授業は、音楽や学活などが多く、ほとんど黒板を消す仕事がありません。黒板5の当番は、いつもごみ拾いになってしまいます」「体育の授業は週に3時間しかないので、体育当番は2日間は絶対に働けません」など、子供たちから問題点が挙がってくることでしょう。

　「では、どうしたらその問題を解決することができるでしょうか。毎日、全員が働けるようにするために、工夫できることはないでしょうか」と、子供たちから意見を募ります。

　すると、「黒板5の当番は、先生が毎朝黒板に『おはようございます。今日の朝学は○○です。準備をしましょう』と書いているのを、朝学が終わったら消せばいいと思います」や、

　「体育当番は、教室の体操服掛けの整頓をしたらいいと思います」など、他に必要とされる仕事が提案されます。

　そこで、「黒板5の当番さん、どうですか?」と該当する当番の子に問うと、「いいと思います!」と、うれしそうに納得します。こうして時折、振り返りを行うことで、当番活動のマンネリ化を防ぎ、仕事への責任意識を改めることができます。

　また、当番活動の振り返りは、新学期に入るたびにすることも必要です。まず、前学期に行った当番活動を挙げ、「これまでの当番活動で、問題点はありますか?」と問います。すると「○○当番は仕事が多いので、人数が足りません」とか「□□と△△は、合体させてもいいと思います」などと、意見が挙がります。それを踏まえて新学期の当番活動を決めます。必要な仕事や工夫は、子供たちに考えさせ、決めさせることで、全員が必ず毎日、活動することにつながっていくのです。

7 学級会
－必要な準備と具体的な進め方－

1. 学級会の基本的な考え方

（1）学級会とは

　学級会は、学習指導要領上、特別活動の学級活動に位置付けられます。学級や学校の生活を楽しく充実したものにするため、子供が自ら課題を見つけ、話し合い、全員で協力して実践する自発的・自治的な活動です。

　「話し合い活動」の活動過程は、「事前の活動」「本時の活動」「事後の活動」で構成されます。学級会では、「集団討議による合意形成」をします。2年生では、最初は教師が一緒に司会や黒板記録を行い、慣れてきたら子供たち主体でできるように支援します。

表1　学級活動（1）学級や学校における生活づくりへの参画　学習過程
（「学習指導要領解説 特別活動編」より引用）

事前の活動	問題の発見 ↓	教師の適切な指導の下に、児童が諸問題を発見し、提案をする。
	学級としての 共同の問題の選定 ↓	協力して達成したり、解決したりする、学級として取り組むべき共同の問題を決めて、問題意識を共有する。
	議題の決定 ↓	目標を達成したり、問題を解決したりするために、全員で話し合うべき「議題」を決める。
	活動計画の作成 ↓	話し合うこと、決まっていることなど、話合い活動（学級会）の活動計画を作成する（教師は指導計画）。
	問題意識を高める	話し合うことについて考えたり、情報を収集したりして、自分の考えをまとめるなど問題意識を高める。
本時の活動		【集団討議による合意形成】
	提案理由の理解 ↓	提案理由に書かれた議題の解決に向けて話し合うため、内容を理解しておく。
	解決方法の話合い ↓	一人一人が多様な考えを発表し、意見の違いや共通点をはっきりさせながら話し合う。
	合意形成	少数の意見も大切にしながら、学級全体の合意形成を図る
事後の活動	決めたことの実践 ↓	合意形成したことをもとに、役割を分担し、全員で協力して、目標の実現を目指す。
	振り返り ↓ 次の課題解決へ	活動の成果や過程について振り返り、評価をする。

特別活動では、「成すことによって学ぶ」ことが大切です。失敗を恐れず、自分たちでより良い学級、より良い学校をつくるために話し合い、実践していくことを経験させましょう。

（2）年度当初に準備しておくこと

スムーズに学級会を進められるように必要な組織をつくり、グッズを用意しておきましょう。

- 計画委員（輪番制にして全員が経験できるようにします）
- 学級会グッズ（賛成・反対マーク、「議題」「決まっていること」などの表示短冊、司会や黒板・ノート記録のネームプレートやペンダント、話し合いの流れの表示（出し合う、比べ合う、まとめる）、時間の目安（時計か言葉「あと〇分です」）
- 短冊（A3やB4の印刷用紙を切ってラミネートすると簡単にできます）
- 提案カード
- 議題ポスト
- 学級会ノート
- 計画委員活動計画
- 学級活動コーナー

〈学級会コーナー〉

次の学級会までの見通しを掲示し、学級会への参加意欲を高めるようにします。そのために次のような内容を掲示します。低学年の場合は、教師が書いたものを掲示しておくとよいでしょう。

- 次の学級会のこと（議題、提案理由、話し合いのめあて、話し合うこと、決まっていること、当日までの流れ、プログラム）
- 議題ポスト　　●議題例　　●提案カード　　●提案された議題
- （●1週間の活動の流れ　●計画委員活動の流れ→低学年では無理をせずに）

①次の学級会までの見通しを持てるように

学級会に向けた活動の流れや次の学級会の議題、提案理由、めあて、話し合うことを掲示しておきます。計画委員の学級会までの予定も掲示しておくことで、活動の見通しを持つことができます。

学級会コーナーの設置は、背面黒板を活用したり、段ボールパネル、コルクボード、ホワイトボードを活用したりする方法もあります。磁石つきの短冊や模造紙などを活用して掲示している物を学級会にそのまま使えるようにすると便利です。

②学級会への参加意欲を高めるように

議題等を事前に掲示しておくことで、自分の考えを持ち、学級会までに整理しておくこと

ができます。

　議題ポストを学級会コーナーに設置することで、いつでも提案できるようにします。ポストのそばに議題例を掲示して、どんなことが議題になるのか参考にできるようにします。また、提案された議題を視点別（みんなでしたいこと、みんなで作りたいこと、みんなで解決したいことなど）に掲示することで、新たな課題の発見につながります。

低学年の議題例

だい一かい　がっきゅうかい

ぎだい　よろしくのかいをしよう

ていあんりゆう

クラスがえをして、まだはなしたことがない人もいます。なので、みんなのことがしれて、たのしくあそぶかいをして、なかよくなりたいです。

話し合いのめあて

みんなのことがしれて、なかがよくなるようなないようをみんなようやくふうをかんがえよう。

話し合うこと

① ゲームはなにをするか
② どんなくふうができるか

〈きまっていること〉
・にちじ：四月三十日（木）
　三じかん目
・ばしょ：きょうしつ
・ゲームは二つやる。
・じゅんびは、休みじかんにする。

こんなぎだいがあるよ
・かかりをきめよう
・休みじかんにみんなであそぶ
　けいかくをたてよう
・○○はっぴょうかいをしよう
・じまん（とくい）をはっぴょうしよう
・よんだ本のしょうかい
　（おはなしかい）をしよう
・かるたをつくろう
・クラスのうたをつくろう
・なかよくボールをつかうルールを
　きめよう
・すごろく大かいをしよう
・「6年生をおくるかい」の
　出しものをかんがえよう
・うんどうかいのあいことばを
　きめよう
・クラスのおまつりをしよう
・クラスのおもいでを本にしよう

はなしあいたいことが
あったら
ポストに　どんどん
いれよう！

ぎだい
ポスト

ていあんされた　ぎだい
〈みんなでしたいこと〉

〈みんなでつくりたいこと〉

〈こまっていること〉

がっきゅうかい・
しかいグループ

A	B	C	D	E	F

きだい　よろしくの会をしよう

	月	火	水	木	金
				16	17
				がっきゅうかい	
	20	21	22	23	24
			ひる休みなし		
	27	28	29 休み	30	
				よろしくのかい	

じゅんびは休みじかん　ぎょうかん休み…8日　ひる休み…7日

図1　学級会コーナーの例

2. 学級会の進め方

　年度当初にオリエンテーションを行い、全員で学級会の進め方や司会グループである計画委員の役割の確認をします。計画委員は輪番制にし、全員が経験できるようにしましょう。経験を積むことで教師の声掛けは減っていきます。指導しなければいけないことはきちんと指導します。

```
【オリエンテーションの内容】
●学級会を行う意義の説明
●計画委員の役割の説明
　・司会進行の仕方や黒板への記録の仕方
　・計画委員活動計画の作成の仕方
●学級会の進め方（事前・本時・事後の活動）の説明
　・予想される議題や選定の仕方（提案カードや議題箱の活用）
　・「出し合う」「くらべ合う」「まとめる（決める）」の話し合いの流れ
　・学級活動コーナーの活用
●集団決定の仕方の確認
　・折り合いをつけて集団決定する方法　※安易な多数決は避けます。
●学級生活の向上への見通しを持つ（みんなで取り組みたいことを考える）場の設定
```

3. 授業開き（オリエンテーション）の留意点

　学級会の授業開きにおける留意点として、次のようなことが挙げられます。

```
●自分たちの力でより良い学級を作っていくために、みんなでやりたいことをみん
　なで話し合って決める活動であること、相手の意見をきちんと聞き、「自分もよ
　くて、みんなもよい」決定ができるように話し合う活動であることを確認する。
●資料を活用して、学級会までの流れを説明する。
●模擬学級会の中で、話型、合意形成の仕方、学級会グッズの活用の仕方を確認す
　る。
●「みんなでやりたいこと」「みんなで作りたいこと」「みんなで解決したいこと」
　など議題例をもとに、学級をより良くするためにさまざまな観点からの議題を出
　し合えるようにする。
●これから、学級活動を通して、みんなで協力してより良い学級をつくっていこう
　と意欲づけを図る。
```

8 給食指導
―トラブルを防ぐ
配膳・片付け・おかわり指導―

1. 給食指導で起こりやすいトラブル

　給食指導は、主に「配膳」「食事の仕方」「おかわり」「片付け」の観点で行います。この4つの中でトラブルが起こりやすいのは、①**配膳**、②**おかわり**、③**片付け**です。この3つがきちんとできていれば、学級経営は安定し、叱ることも友達同士のけんかも発生しなくなります。

　では、それぞれの場面でどんなトラブルが発生してしまうのか、少し考えてみましょう。

（1）配膳

　配膳の場面では、まず、**自分が何の仕事をするのか分からない**という子供が出てきます。2年生にもなると重要な仕事をやりたがる子が出てくるので、「今日は僕がスープだ！」「昨日も、〇〇君がご飯だった！」などといった感じで、スープやご飯などの仕事を取り合う場面が見られます。こうしたトラブルが続くと、やがて仕事自体をやらない子が出てきます。その結果、**配膳に時間がかかってしまう**ことになります。すると教師が「いつまでやってるんだ！早くしなさい！！」と叱責するなど、負のスパイラルに陥ってしまいます。

（2）おかわり

　おかわりの場面では、**平等なおかわりができず、子供たちの不満が募る**ことがよくあります。権力のある子が欲しいものを好きなだけおかわりし、静かな子にはおかわりが回ってこないといった状況が何度もあれば、けんかが起きたり、陰で悪口を言ったりするなど、子供の人間関係に悪影響を及ぼします。

（3）片付け

　片付けの場面では、まず、自分たちが使った食器を片付ける（食器かごに戻す）時間があります。この時に、**食器の片付けを友達に任せる子が出る**ことが挙げられます。権力のある子が友達に自分の食器を片付けさせるなどの状況があれば、おかわりと同様、子供たちの間には不公平感が漂うことでしょう。

　また、**片付けに時間がかかってしまう**ことにもなります。配膳指導と同様、教師が

叱責することになってしまい、負のスパイラルに陥ります。

　では、これらのトラブルを防ぐためにはどうすればよいのでしょうか。以下、具体的な指導方法を紹介します。

2.　一人一人の役割を明確にする

　配膳と片付けの場面で、「自分が何の仕事をするのか分からない」「配膳に時間がかかってしまう」「片付けに時間がかかってしまう」を挙げましたが、これらのトラブルは、**一人一人の役割と仕事内容を明確にする**ことで防ぐことができます。例えば、以下のような当番表を教室後方の黒板に掲示します。

しごと	当ばん	ウエイター		
❶おぼん ストローとスプーンをおぼんの上においてわたす	❶たろう	❶○○○	❶○○○	❶○○○
❷牛にゅうくばり みんなのつくえの上に、牛にゅうをおいておく	❷じろう	❷○○○	❷○○○	❷○○○
❸ごはん・スープ おわんや浅ざらに、ごはんやスープを入れる	❸さぶろう	❸○○○	❸○○○	❸○○○
❹大きい食かん 大きい食かんに入っているものやフライを浅ざらに入れる	❹はなこ	❹○○○	❹○○○	❹○○○
❺小さい食かん 小さい食かんに入っているものを浅ざらに入れる	❺よしこ	❺○○○	❺○○○	❺○○○
❻お手伝い お休みした子の仕事をする おくれている当番のところを手伝う	❻たかこ	❻○○○	❻○○○	❻○○○

　ネームプレートはマグネットシートで作成すれば、黒板に付きます。

　「ウエイター」は「当ばん」の子の給食を運びます。例えば、①のウエイターは、左のマグネットシートに記載されている①の「たろう」くんの給食を運びます。

　他の子は、配膳が終わるまでの時間、読書をする、連絡帳を書くなどして、空白の時間を作らないようにしておくと、教室全体が落ち着いた雰囲気の中で配膳できます。

　「いただきます」などの号令や「○班、運んでください」などの声掛けは日直が担当するなど、あらかじめ決めておくとよいでしょう。もし、人数に余裕があれば、給食当番の中から役割を決めても構いません。

ネームプレートは、給食当番が変わるごとに左にスライドさせます。その際、下の図の一番右の列のように、上下にずらせば仕事の内容も変わり、不公平感もなくなります。

　なお、ネームプレートに番号を書くことで、順番が混乱しません。ネームプレートが下に落ちてしまっても、順番が分からなくならず安心です。

　また、表の「しごと」の欄に具体的な仕事内容を書いておけば、一人一人が何をすればよいのかが明確になり、トラブルは激減します。

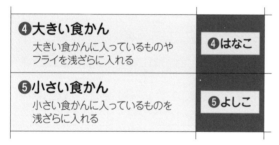

しごと	当ばん	ウエイター		
❶おぼん ストローとスプーンをおぼんの上においてわたす	❶○○○	❶○○○	❶○○○	❻たかこ
❷牛にゅうくばり みんなのつくえの上に、牛にゅうをおいておく	❷○○○	❷○○○	❷○○○	❶たろう
❸ごはん・スープ おわんや浅ざらに、ごはんやスープを入れる	❸○○○	❸○○○	❸○○○	❷じろう
❹大きい食かん 大きい食かんに入っているものやフライを浅ざらに入れる			❹はなこ	
❺小さい食かん 小さい食かんに入っているものを浅ざらに入れる			❺よしこ	

　もし、マグネットが付かないタイプの黒板の場合は、事務室等にあるシール型のマグネットシートを給食当番表に貼ります。左図の黒い部分がマグネットシートの裏側になります。

3. 配膳・片付けは、「自分」で

　配膳・片付けにはいろいろなやり方がありますが、**食器の片付けを友達に任せる子が出る**という状況は発生させないことが大切です。子供ごとに片付けを担当する食器を割り振る方法もありますが、この方法だと食べ終わっていない子を待つ必要があります。

　大切なのは**教師が見守ること**です。配膳も片付けも、教師が共に行いながら見守ることで安全・公平・短時間で進めることができます。

4. おかわりは「教師」が制御する

　「おかわり」のシステムをいい加減にすると、とても苦労をします。その結果、**平等なおかわりができず、子供たちの不満が募る**という問題が生じ、学級経営にも悪影響

を及ぼします。大切なのは**おかわりは「教師」が制御する**ことです。また、明確なルールも必要です。

　以下に、「おかわりのルール」を示します。

---

①おかわりは、1回目から3回目まで行う。

②1回目のおかわりで希望できるのは1種類だけ。

③人数が多かった場合、2人組をつくってじゃんけんをする。希望者が奇数で一人の子が出た場合、一人の子は教師とじゃんけんをする。

④1回目でおかわりをしたもの、じゃんけんで負けてしまった子は、2回目で希望することはできない。

⑤3回目のおかわりは、何を希望してもよい。ただし、1種類のみ。

⑥3回目のおかわりを終えてもまだ余っていた場合、全て食べ終わったら何をおかわりしてもよい。

　「教師が制御する」とは、教師が盛り付けやじゃんけんなど、全てを仕切るという意味です。以下、「いただきます」を終えた後のおかわりの進め方を示します。

「減らしたい人は、先生のところへいらっしゃい。」（教師が減らす）
　※「少なくても半分は食べる」等ルールを設けた方がよい。

「今日は、みそ汁が5人分、フライが1つあります。1回目のおかわりをします。」
「みそ汁が欲しい人、いらっしゃい。」
　※（6人以上いたら）2人組をつくり、じゃんけんをする。
「フライが欲しい人、いらっしゃい。」

【もし、1回目のおかわり終えてもまだ余っていた場合】
「2回目のおかわりを始めます。」
　※1回目のおかわりと同じ手順で進行。余ったら3回目のおかわりを行う。

　じゃんけんは、「2人組」だと勝敗がはっきりします。もし、「後出しした！」などの文句が出たら、「今、見ていたけど後出ししてないよ」などと、担任がはっきり言います。見ていなかった場合は、「先生、今回見逃しちゃった。次はちゃんと見ているから今回は〇〇君の勝ちね」と言い、次からさりげなく近くに行って見てあげましょう。人数が少なくなり何人かで同時にじゃんけんする場合も、教師が「じゃんけんぽい！」と音頭を取り、全て仕切る姿を子供たちに見せます。

9 清掃指導
－自分の生活環境は 自分できれいに保つ－

1. 清掃活動の考え方

　清掃活動は何のために行うのでしょうか。「勤労の意義」や「集団の一員であることの自覚を深めるため」など、いろいろな考え方があると思います。中でも大切なのは「自分の生活する環境は自分で清掃する・きれいに保つ」という認識を育てることです。

　自分が清掃する教室に、わざわざごみを捨てるようなことをするでしょうか。ごみを捨てたら、結局、清掃時間に自分でそれを拾わなくてはいけないだけです。

　これは学校に限ったことではありません。家でもそうです。自分が生活する部屋をきれいに保つというのは、当然のような気もしますが、幼少期からその認識を育んでいくことが大事で、その一翼を担っているのが清掃活動なのです。

2. 低学年のうちに清掃方法を身に付けさせる

　高学年になると、清掃場所やそれぞれの仕事を1週間ごとに班でローテーションし、担当させることもあります。しかし、低学年で同じようにしてしまうと、清掃の仕方が身に付かないまま次々と担当が変わってしまい、どの清掃も上手にならずに進級してしまいます。

　6年間、清掃活動は続くものです。低学年のうちに清掃の仕方をきちんと身に付けさせておかないと、高学年になっても清掃ができない子が出てしまいます。

　実際、4年生の担任になってから、「先生、廊下ってどうやって掃いたらいいんですか？」と聞かれ、手取り足取り、ほうきの使い方を指導しなくてはいけないことがあります。「これまで3年間、どうしていたの？」と聞きたくなります。

　最初のうちは時間も手間もかかりますが、ほうきの掃き方、ちりとりの使い方、ぞうきんの絞り方…、基本的な清掃方法をしっかり身に付けさせてあげましょう。

3. 一人一人に仕事を割り振る

　全ての仕事に番号を付け、作業を明確にし、指名制にします。道具にも番号を振り、誰がどのほうきを使うのか、どの雑巾を使うのかを指定します。

　例えば、「教室ほうき①」の子は、「教室ほうき①」と書かれたほうきを使用し、常にほうき列の先頭で掃除をします。

　1週間ごとに番号が一つずつ若くなっていくよう、担当をローテーションさせていくと、常に自分の前には自分より1週間先に同じ仕事をしている子がいるので、教えてもらったり、見て覚えたりすることができます。また、繰り返し同じ仕事を行うことで、少しずつ手順やコツを覚え、上手になっていきます。

　もし、班ごとに全員、担当場所を入れ替えてしまうと、毎週月曜日には担任が全部の清掃場所の指導をしなくてはいけません。

【清掃活動の例】30人学級の場合。

> ・教室ほうき①　・教室ほうき②　・教室ほうき③　・教室ほうき④
>
> ・教室ほうき⑤　・ミニほうき＋ちりとり　・教室ぞうきん①
>
> ・教室ぞうきん②　・教室ぞうきん③　・教室ぞうきん④　・教室ぞうきん⑤
>
> ・黒板消し①　・黒板消し②　・黒板ぞうきん①　・黒板ぞうきん②
>
> ・水拭き①　・水拭き②　・ロッカー＋本棚整頓①　・ロッカー＋本棚整頓②
>
> ・廊下ほうき①　・廊下ほうき②　・廊下ぞうきん①　・廊下ぞうきん②
>
> ・廊下ミニほうき＋ちりとり　・手洗い場たわし　・手洗い場ぞうきん
>
> ・げた箱ほうき①　・げた箱ほうき②　・げた箱ぞうきん①　・げた箱ぞうきん②
>
> ※特別教室の割り当てがあれば、必要に応じて教室やほうき・ぞうきんの人数を調節するといいでしょう。

4. 片付けまで確実に

　道具も指定制にしておくと、片付けずに出しっぱなしになっていたり、掃除道具ロッカーの中で整頓されていなかったりしたとき、誰が使ったものかすぐに分かります。

清掃当番表は、場所によって色分けをします。可能であるなら、ほうきに張るテープも、雑巾に書く文字も同じ色を使うとよいでしょう。視覚的にグループ分けをしてあげることで、低学年の子は覚えやすいからです。

【当番表の例】

教室ほうき①	教室ほうき②	教室ほうき③	教室ほうき④	教室ほうき⑤	ミニほうきちりとり	教室ぞうきん①	教室ぞうきん②	教室ぞうきん③	教室ぞうきん④	教室ぞうきん⑤	水ぶき①	水ぶき②	ロッカー本だな整とん	ロッカー本だな整とん
青木	秋元	石井	大島	大野	河口	岸谷	久保田	小林	佐々木	柴咲	駿河	関	舘	波野

ろう下ほうき①	ろう下ほうき②	ろう下ミニほうきちりとり	ろう下ぞうきん①	ろう下ぞうきん②	手あらいばたわし	手あらいばぞうきん	げたばこほうき①	げたばこほうき②	げたばこぞうきん①	げたばこぞうきん②	黒板けし①	黒板けし②	黒板ぞうきん①	黒板ぞうきん②
西田	根本	埜田	長谷川	東	鈴木	細野	真野	南	向井	森本	矢野	弓谷	結城	吉本

 一週間ごとに、一つずつずらしていく。

5. 要領良く進めよう

清掃時間は限られています。どうやったら時間内にきれいにできるかを指導します。空白の時間ができると、子供たちは遊びだします。清掃時間の始めから終わりまで、常に掃除が進んでいくようにシステム化しましょう。

【廊下清掃の仕方例】

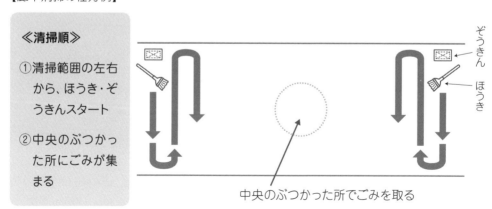

≪清掃順≫

①清掃範囲の左右から、ほうき・ぞうきんスタート

②中央のぶつかった所にごみが集まる

ぞうきん
ほうき

中央のぶつかった所でごみを取る

【教室清掃の仕方例】

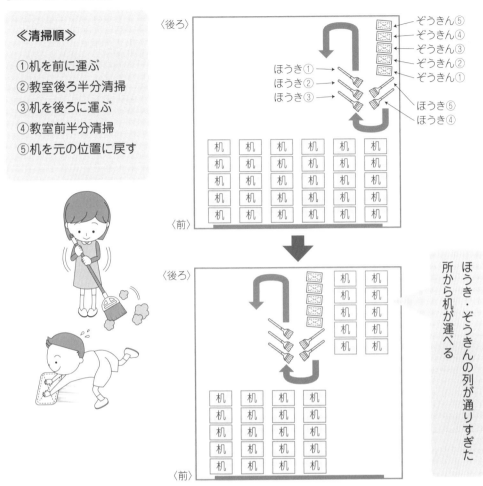

≪清掃順≫

①机を前に運ぶ
②教室後ろ半分清掃
③机を後ろに運ぶ
④教室前半分清掃
⑤机を元の位置に戻す

ほうき・ぞうきんの列が通りすぎた所から机が運べる

【机の位置の印】

　教室の各机の足の位置に、印を付けることがあります。机の前側の足の位置に印を付けていることが多いように思いますが、それだと座っている子供たちから印が見えにくく、扱いにくいものがあります。子供たちから見やすい、後ろ側の足の位置に印を付けてあげると、座ったままでもすぐに机の位置の調整ができます。

PART

3

4月中旬〜1学期末の
学級経営

　1学期は、授業参観や保護者懇談会などを通じて、保護者と信頼関係を築くことも大切です。このPARTでは、家庭との連携を中心に4月中旬〜1学期末の学級経営について解説していきます。

1 授業参観
―全員が参加できる仕掛けをつくる―

1. 授業参観の基本的な考え方

　突然ですが、授業参観と普段の授業の違いは何でしょうか。それは参観に来る保護者がいるということです。保護者は、「研修」として「授業」を見ているのではなく、「自分の子供」を見にきているのです。研究授業のように先生の発問の仕方や評価に意識が向いているのではなく、自分の子供が「学習についていけているか」「授業への取り組みがどうか」「クラスの中でうまくやっていけているか」などを意識しています。

　普段の授業はどうでしょう。学習への理解度は一人一人違います。学習集団としては上位層、中間層、下位層と分かれてくるでしょう。普段の授業では、中間層の少し上の子供に目を向けている人が多いのではないでしょうか。どの子にも学習を身に付けさせていきたいですが、時間やカリキュラムの都合上、学習進度を意識する必要があるからです。授業の進行を意識しつつ、個別指導を行う技能は教師として大切なことです（どの層に目を向けるかは、学習内容によって異なってきます）。

2. 授業参観で意識すること

　普段の授業は学習進度の関係から、特定層の子供たちに向けて学習が進められていますが、授業参観でその考え方はあまり望ましくありません。授業参観には、特別な気持ちを持って臨むことです。

　大切なのは、どの保護者にも「自分の子供が発言している姿」を見せることです。そのような特別な場面を設定しやすいのは導入です。全員が答えられるような復習問題を出したり、答えやすい問題を準備したりしておくとよいでしょう。保護者の前で恥をかかせないよう配慮してあげることも、授業参観では必要です。

3. 道徳「あいさつの嫌いな王さま」

　道徳科の教材に、「あいさつのきらいな王さま」という物語があります。導入で、子供を強く引き付けることができる教材です。授業参観でも活用できるので、その授業例を以下に示します。

（1）導入

「あいさつは、[_____]。そうすると、[_____]。」と黒板に書き（写真参照）、空欄に入る言葉を発表させます。考える時間を取り、全員に発言させましょう（全員に発言させることは、授業参観だけでなく、普段の授業でも心掛けることが大切です。内容によっては２〜３分で終わります。そのような経験をさせておくと、授業参観もスムーズに進行します）。

２年生の子供たちは、あいさつの価値に気付き、あいさつすることを身に付けている子が多いので、たくさんの価値が出てきます。

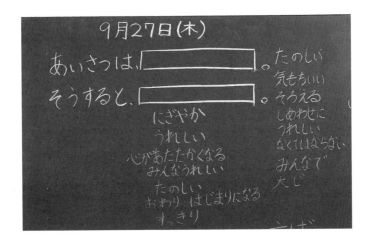

「では、もし皆が王さまになって、国民にあいさつをさせるなら、どんなことを伝えますか？」と問うと、子供たちからは「あいさつを毎日しよう」「気持ちいいあいさつをしよう」などの意見が出てきます。

そこで「今日登場する王様は、こんなことを伝えたんだよ」と王様のおふれを提示します。

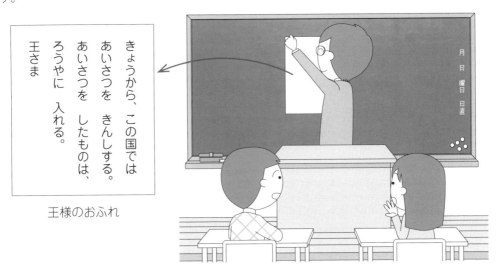

きょうから、この国では
あいさつを きんしする。
あいさつを したものは、
ろうやに 入れる。
王さま

王様のおふれ

すると子供たちからは「えーー！！」「嘘でしょ！！」「なんで？？」など、さまざまな驚きの反応が出てきます。あいさつの良さに気付いていた子供からすると、この王様のおふれは予想外・正反対だったわけです。

　この時点で子供たちには、自分たちの経験と教材との間にズレが起きているので、それをそのまま生かして、今回の授業のテーマ「この国の問題はなんだろう」を提示し、みんなで話し合うことにします。

（2）展開

　範読に入る前に、「この国の問題を見つけながら読んでね」と、子供たちに読む視点を与えます。導入で、なぜなのか、どうしてなのかを知りたいという意欲が高まっている子供たちは、次々に意見を出します。そうした子供たちの発言をベースに板書していきます。

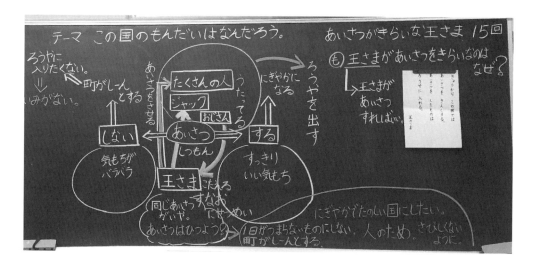

　子供から「先生、どうして王様はあいさつが嫌いになったのかなあ？」との意見が出てきたら、クラス全体で考えるテーマとして取り上げます。すると、話し合いはさらに活発になります。授業では、テーマを深めていくために用意していた発問を捨て、子供たちだけで行われている話し合いを見守ってもよいでしょう。本当は「王様があいさつを嫌いになったのは、毎日繰り返される家来たちの同じあいさつの仕方に問題があるんじゃないの？」と考えさせたいところですが、2年生の子供たちが主体的に話し合いをしていることが、大切な経験となると考えるからです。

（3）終末

　授業では最終的に、「やっぱりあいさつは必要だよ」「にぎやかで楽しい国にしたいよね」「寂しくないように」など、「この国には、あいさつが必要だ」と子供たちで結論を出します。「今日の授業では、皆さんだけで話し合って学習できましたね！すごいことですね！」と、子供が主体的に話し合いをしたこと自体を評価し、授業を終えます。

4．国語の「おにごっこ」を体育で実施

　単元で学習した内容を生かして、特別な授業をつくるというのも一つのアイデアです。その一例が、国語の説明文「おにごっこ」の学習課題を発展させて、「自分たちで楽しむおにごっこを作ろう」を設定し、授業参観で実際にそのおにごっこを保護者とやってみるというものです。

　まず、子供たちの知っているおにごっこについて、どのような決まりがあるのかを話し合います。その後、班ごとに自分たちに合ったおにごっこを考えて、クラス全体に提案します。提案後は質疑応答の時間を設け、それぞれのおにごっこについて理解を深めていきます。

子供たちが考えたおにごっこ

生活班	おにごっこ
1班	ボールこおりおに
2班	ワー高レンジおに
3班	ジャンプこおりボールおに
4班	目かくしこおりおに
5班	手つなぎ高おに
6班	バナナ手つなぎおに
7班	カッパふやし高おに

子供たちが作った提案書

　その後、実際に体育の授業で（準備運動として）試してみます。中には、うまくいかないものもあるとは思いますが、経験させることが大切です。

　授業参観で行う場合は、準備としてどのおにごっこがよいかを投票し、実施するおにごっこを決めておきます。授業参観当日は、ルール説明も子供たちに行わせます。1時間の中で、2～3種類のおにごっこは実施できます。

　保護者には、事前にお知らせしておく必要があります。体を動かして、楽しく授業参観ができます。ドッジボールや普通のおにごっこで授業参観をしても、結構楽しめるものと思われます。

2 保護者懇談会（4月）
―保護者の信頼を得るために―

1. 保護者懇談会の基本的な考え方

　保護者懇談会は、日頃の子供たちの様子や、担任の学級経営に対する思いや願いを伝える絶好の機会です。保護者に直接話をする機会は限られています。懇談会を有効に使い、担任の思いや考え方を伝え、ご理解・ご協力いただくように努める必要があります。保護者は時間に都合をつけて来校してくださるので、話す内容をしっかりと準備し、楽しく意義のあるものにしましょう。

2. 保護者懇談会の留意点とコツ

　学年会などで、懇談会のときに話す内容を打ち合わせる学校は多いと思います。しかし、それは全体の足並みをそろえる基本的な内容です。それ以外に話す内容は担任に任されています。学級の具体的な様子を話し、それに対する担任の考えを述べます。保護者を味方につけるチャンスと考えましょう。年度の最初の懇談会は、どんなに経験を重ねても緊張するものです。しかし、真摯に熱意を持って話せば、必ず伝わります。

（1）コツ① 動画や写真を見せる

　日頃から子供たちの活動を写真や動画に撮っておきます。日頃の様子が見られたら保護者も喜びますし、場も和みます。学年最後の懇談会では、音楽をつけたスライドショーを流し、1年間の成長と担任からのメッセージを伝えると感動的な雰囲気になります。

（2）コツ② 子供たちからアンケートを取っておく

　「お母さんによく言われる言葉ベスト3」「今はまっていることベスト3」「学校で好きな勉強ベスト3」など、簡単なアンケートを事前に子供たちから取っておき、その結果をパワーポイントなどにまとめて紹介します。

（3）コツ③ 保護者の名札の裏に子供たちからのメッセージを書いておく

　机の上に置く保護者用の名札の裏に子供からのメッセージを書いておきます。「2年生では算数をがんばるね」「いつもご飯を作ってくれてありがとう」などですが、保護者が来られない場合もあり、配慮が必要です。

（4）コツ④ 保護者にも自己紹介をしてもらう

　2年生になってクラス替えが行われると、保護者の皆さんも知らない人が多く、緊張しています。そこで、保護者の方々にも自己紹介をしていただくとよいでしょう。その際、話しやすいよう「お子さんのいいところを一つ教えてください」と伝えます。「いいところなんて思いつかないわ…」と言いながらも結構話してくださるものです。

3. 保護者懇談会の流れ （シナリオ）

基本的な流れ
1　あいさつ・行事のお礼
2　PTA役員さんから
3　学年目標　学級目標　担任の思いや考え
4　2年生の発達段階について
5　子供たちの実態「生活面」「学習面」
6　今後の行事予定
7　お願いと連絡事項
8　保護者自己紹介

　こんにちは。本日はお忙しい中、初めての懇談会にお越しくださりありがとうございます。

　このたび、大切な30名のお子さんたちの担任を務めることになりました○○と申します。本校に赴任して3年目になります。昨年度は4年生を担任しました。こうして30名のかわいいお子さんたちに出会えて、とてもうれしく思います。至らないところも多々あるかと思いますが、精一杯がんばりますので、1年間どうぞよろしくお願いします。何かご不明な点や分からないことがありましたら、どうぞ遠慮なくいつでもおっしゃってください。私自身、皆様方にいろいろとお話をうかがいながら、共にお子さんのより良い成長に向けて力を尽くして参ります。さて、子供たちと出会って1週間が経ちましたが、すでに良いところをたくさん見つけることができました。掃除大好き、給食当番大好き、お手伝い大好きな子供たちがいて、素晴らしいです。また、授業にも意欲的で、楽しそうに取り組んでくれています。授業をしていて、私もとても楽しいです。では、お手元の懇談会資料に沿って進めさせていただきます。

　まずは、PTA役員さんからの連絡です。1年間お世話になります。よろしくお願いいたします（PTA役員が決まっている場合）。

【PTA役員からの連絡が入る】

　続きまして、学年目標と学級目標についてです。本校の学校教育目標は、「心豊かな子供　たくましい子供　かしこい子供」です。それを受けて、学年目標は、「やさしい子、げんきな子　よく考える子」としました。また、クラスの子供たちと話し合い、学級目標は「みんななかよし2年1組　なんでもがんばる2年1組　みんなの力をがったいだ！」としました。合言葉は「いくら」です。「いくらでもがんばろう！」というところからこの合言葉が生まれました。帰りの会でさようならをした後いつも、日直さんが「合言葉は？」と言い、クラスみんなで「いくら！」と大きな声で言ってから下校しています。1年間この目標に向かって、一人一人が楽しいと思えるようなお互い学び合えるような和やかな雰囲気のクラスにしたいと思っております。

　次に2年生とはどういう学年かについて、お話しさせていただきます。2年生とは、幼児期や1年生の頃の自己中心性の強い行動傾向から、知的能力の発達とともに、社会性や自主的に生活する態度が少しずつ身に付いてくるようになります。幼児期の完成とも言われます。3年生の児童期へ移行していく中間点です。懇談会資料に2年生の主な特徴を挙げましたのでご覧ください。①話し言葉から、書き言葉を覚える。②善悪の判断力が少しずつ芽生えてくる。③自己中心性を少しずつ抜け出し、集団意識が育ってくる。④情緒的にも少しずつ安定してくる。⑤物事に対する好奇心が旺盛になる。⑥柔軟性や敏捷性、調整力など身体的な機能も発達する。⑦自分のことは自分ででき、身辺的な自立もできてくる。

　自立に向けて、2年生ではこんな力を付けてほしいというものも挙げました。①家族や先生だけでなく、近所の人にも元気にあいさつができる。②食事のマナー、はしの正しい使い方、好き嫌いをなくす。③清潔、健康、早寝・早起き、朝の洗顔や歯磨き、排便、入浴などが一人でできる。④身辺的自立、衣類の着脱、机の整理整頓、自分で連絡帳を見て学習用具の準備（親も確認）、家事分担、時間を意識した行動ができる。連絡帳は毎日ご確認をお願いします。徐々に、自分だけで準備ができるよう声掛けをお願いします。1人でやらせて、後でこっそり確認するのもよいでしょう。⑤おうちの人や教師、友達に自分の気持ちを伝える。何でも保護者の方が連絡するのではなく、自分で言えることは自分で伝えられるようになるとよいでしょう。すでにできていることもたくさんあります。特にあいさつは、教室に入ってくるときに大きな声であいさつする姿を何度も見かけました。また、給食にも慣れてきて、時間内に残さず食べることができるようになってきました。着替えもずいぶん早くなりました。中学年に向けて、しっかりした学力、生活力を身に付けていけるようご家庭でもご協力をよろしくお願いします。

次に、2年生の学習面についてお話しさせていただきます。国語では、漢字が160字出てきます。昨年度は80字でしたので、倍覚えます。音読も引き続き毎日行いますのでご協力をお願いします。主な学習内容は、「長音、拗音、促音、撥音、助詞、かぎの使い方」「2年生の漢字160字を読み、1年生の漢字80字を文の中で使うこと」「主語と述語」や「読むこと、書くこと、話し合うこと」です。算数の主な学習内容は、「たし算とひき算の筆算」「時刻と時間」「水のかさ」「長さ」そして「九九」です。時刻と時間の区別が難しく、苦戦するところですが、最も日常生活で必要となる学習でもあります。おうちでも今から30分たつと何分？などと話題にしてくださると助かります。

　2年生になって、学習内容が昨年度より多くなります。学校でも宿題を出して学習内容の定着を図っていきますが、ぜひご家庭でもご協力をお願いします。お子さんが宿題を終えたら、内容を見ていただき、間違っているところは一緒に直してあげてください。間違って覚えてしまうことを防ぎ、お子さんがどこでつまずいているかが分かります。家庭学習は、学年×10分が望ましいと言われます。2年生は宿題を含め1日20分から30分程度、家庭学習ができるようご協力をお願いします。

　生活科では、4月末に1年生を連れて学校探検をします。子供たちはとても張り切って準備をしていますので、立派に案内をしてくれると期待しています。また、6月に学区探検に行く計画をしています。学区探検で、保護者の方に子供たちのグループに付いていただき、安全面での指導をしていただくお手伝いをお願いしたいと思っております。日程等決まりましたら、お手紙等でご連絡いたしますので、お手伝いいただける方はどうぞよろしくお願いします。また、5月からはミニトマトの栽培をします。行事については行事予定をご覧ください。

　さて、初めて顔を合わせたという方もいらっしゃると思いますので、簡単に自己紹介をしていただきたいと思います。お子様の良いところを一つ、いえ、いくつでもかまいません。お子様の良いところをお話ししてください。

【保護者の自己紹介が入る】

　ありがとうございました。お子さんたちの良いところが、またたくさん分かりました。明日からの指導に生かしたいと思います。これから1年間、かわいい子供たちが、心も体もさらにより良く成長できるよう、また2年生として必要な学力を身に付けられるよう、一生懸命取り組んで参ります。本日は、お忙しい中本当にありがとうございました。

3 保護者懇談会（6月）
－事務連絡と子供たちの活躍の伝え方－

1. 子供たちの生活態度の伝え方

懇談会資料（例）

第2学年　1学期懇談会　資料

1. 1学期を振り返って
   - （1）学習内容
     - ・教科書をすらすらと読むことができるようにする。
     - ・くり上がり、くり下がりの計算をできるようにする。
   - （2）生活について
     - ・友達と協力して、行事に取り組むことができる。
     - ・友達を思いやって生活できる。
2. 夏休みの課題について
     - 夏休みスキル…保護者の方は〇つけをお願いします。
     - 自由研究…工作、絵画　出品一覧表を見ながら、ご準備をお願いいたします。
3. 今後の予定
     - 〇月〇日　△△△△
     - 〇月〇日　××××　　※7月〇〇日〜8月〇日　夏休みとなります。
4. 役員さんより
5. その他

　上のような資料に基づき、懇談会を進めていきます。「1. 1学期を振り返って」のところですが、ただ資料に書いてあることだけを読み上げても保護者の方には伝わりません。そこで、子供たちの活躍を写真や動画を使って具体的にお話しします。プレゼンテーションソフトを活用しながら、以下のように進めていきます。

「1学期、〇組の子供たちは、本当によくがんばってくれました。今日はその一部を紹介させていただきます。」

「4月当初は班で話し合う活動もなかなか進みませんでしたが、今ではこの写真（①の写真）のように、男女分け隔てなく活発に話し合うことができています。」

「これは図工の授業の様子です。こうした時間も男女仲良く取り組むことができました。」（実際は写真を見せる）

「給食の片付けも、最初はやや雑なところが見られましたが、今ではみんなと協力してこのようにきれいに片付けています。」（実際は写真を見せる）

「この写真（②の写真）を見てください。友達が欠席したときのメッセージカードです。裏までびっしり書いてくれたクラスは初めてでした。」

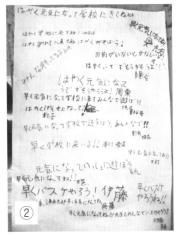

「こうした日々を送る中で、子供たち同士の関係も深まっていき、先日、こんな素敵な集合写真を撮ることができました。」

「このような、〇組の長所をこれからも伸ばせるよう努めていきます。」

生活面の様子はこのような形で伝えていけば、保護者の方も喜んでくれます。

2. 夏休みの課題や今後の予定を伝えるときの留意点

　6月の懇談会は、夏休みの宿題や2学期の行事についての連絡が多くなります。そのため、「2. 夏休みの課題」「3. 今後の予定」については、事前に必ず学年の教師と念入りに確認する必要があります。もし、間違った情報を流してしまうと、保護者の方に迷惑をかけてしまいます。分からないことは事前に学年の教師に聞くなどして準備することが大切です。

　もし、懇談会中に保護者から分からないことを聞かれたら、適当に答えるのではなく、「その点については、もう一度学年の先生に確認します。分かり次第、ご連絡いたしますので少しだけお時間をください」などと伝え、分かったら連絡帳や学級通信で伝達します。この2つの方法が無理な場合、学期末に発行する学年だよりなどに記載してもよいでしょう。

　一通り話を終えたら質問を受け付けますが、「何か質問はありますか？」と言っても、保護者も全体を前にすると質問しづらいものです。そこで、「今、この場では聞きにくいこともあると思いますので、懇談会終了後、私がこちらで待機しております。遠慮なくいらしてください」などと伝えると親切です。

　懇談会も一工夫加えることで、保護者との信頼関係を築くことができます。

4 1学期終業式
―達成感のある1学期にするために―

1. 子供を認め励ます通知表にするために

　通知表とは、子供たち個々の学習指導の成果、学習生活の状況等を保護者に連絡し、保護者がそれらを知るための連絡簿です。学校長の責任において様式が決定されます。ABCなど記号や数値で評価する教科（国語、算数、理科、社会など）と、記述式で評価する教科（特別の教科 道徳）があります。また、子供の学習面や生活面の良かった点や課題を知らせる記述式の総合所見欄や特別活動の記述欄もあります。

終業式に向けたおおまかなスケジュール

日程	担任として行うべきこと
学期途中	行事や単元が終わるごとに評価の資料を集めておく。補助簿にメモをしておくとよい。単元テスト等計画的に進めること。
1カ月前	通知表のスケジュールが職員会議等で提案される。所見に書く表彰等を確認する。
3週間前	子供に1学期がんばったことについてのアンケートを取る（所見の参考になる）。
2週間前	道徳、総合所見の記述する部分を完成させる。学年の教師に見てもらい、訂正があれば直して管理職に提出する。
10日前	所見締切日（管理職に提出）。荷物の持ち帰り計画を立てる（お道具箱、絵の具等を計画的に持ち帰らせる）。
1週間前	学年で評価基準を確認し、各教科の成績を出す。
4〜5日前	夏休みの宿題準備、がんばり賞等の準備、通知表印刷
3日前	通知表相互確認。
前日	終業式の配付物を最終確認。宿題を子供たちに配付。
終業式	一人一人褒めながら通知表を渡す。

　学習指導要領の目標および内容が資質・能力の三つの柱で再整理されたことを踏まえ、

各教科における観点別学習状況の評価についても下記の3観点に整理されました。

旧（4観点）	新（3観点）
①関心・意欲・態度	①知識・技能
②思考・判断・表現	②思考・判断・表現
③技能	③主体的に学習に取り組む態度
④知識・理解	

　観点別学習状況の評価の観点ごとの総括および評定への総括の考え方や方法について、事前に校内で十分に共通理解を図っておく必要があります。その上で、子供と保護者に説明し、理解を得ることが大切です。

2. 終業式当日

　さあ、いよいよ終業式です。終業式では、校長先生の話をしっかり聞くことも大切な学習です。また、不審者や交通事故、水の事故に気を付けるよう夏休みの過ごし方についても指導しましょう。

　通知表を渡すときは、一人一人を近くに呼んで、1学期にがんばったことを具体的に褒めながら渡しましょう。復習が必要な子供には、「夏休みにこんなことをがんばるとさらに成長するよ」などと課題を肯定的な表現で伝えることも大切です。

　また、大切な通知表や学習用具を持ち帰り忘れないように、下校前に机やロッカーの中を必ず確認しましょう。最後にクラス全体に対して、1学期に良かったこと、できるようになったことをたくさん褒め、子供たちが気持ち良く下校できるようにしましょう。

コラム

「Aが何個あった？」

　子供たちは、Aの数を数えがちですが、学期によって学習内容が違うので、Aの数だけに注目させるのは考えものです。通知表の見方を伝え、がんばったことを具体的に褒め、次につなげましょう。

3. 夏休みにやっておくとよいこと

　教師にとっても長い夏です。研修や出張もあるでしょうが、2学期のワークシートや掲示物、最初の1週間の宿題プリントや授業で使う教材などを夏休み中に準備しておくと、余裕を持って2学期を迎えられます。もちろん、しっかり休むことも大切です。始業式に子供たちを笑顔で迎えるために、教師も楽しい夏休みを過ごしましょう。

PART 4

2〜3学期の学級経営

　1学期はうまく行っていたのに、夏休みを挟んで急に学級が乱れ始めた…なんてことも珍しくありません。このPARTでは、そうならないための2〜3学期の学級経営について解説していきます。

2学期始業式
―子供が帰る前に作品掲示を終えよう！―

1. 2学期始業式の基本的な考え方

　長い休み明け、学校が始まるのを楽しみにしている子もいれば、休みの影響で生活習慣が乱れている子もいるでしょう。まずは学校生活のリズムを取り戻していくことを念頭に、学校は楽しいところだと再認識させてあげる必要があります。始業式の短い時間の中では、とにかく温かく出迎えることが大事です。

2. 2学期開始時の黒板

　多くの子供たちは学校で、教師や友達に会うことを楽しみにしています。しかし、中には宿題や持ち物を忘れてしまい、不安に思っている子もいます。2学期の始まりの黒板は、そんな子供たちを温かく迎えてあげられるものにしましょう。黒板に絵を描いて迎えてあげると温かみが出ます。

　例えば、自分（担任）の名前をモチーフに、オリジナルのキャラクター等を作っておくと、黒板でいつでも使えて便利です。絵や言葉を上手に使って黒板を作れば、子供たちは1学期の学校生活の雰囲気を思い出しやすくなります。

　メッセージは短くてよいので、子供に伝わる言葉を書きましょう。また、夏休み中の検定試験の関係上、教室の座席が変わっていることもあるので、その場合は子供たちに自分の座席を見つけて直してもらうようにします。こうしたミッションがあると、子供たちは喜んで行動してくれます。

3. 始業式の日の具体的な流れ

　始業式の日は時間が短く、1時間目が始業式、2時間目が学級活動、3時間目が引き渡し訓練といった感じになることもあります。始業式の日はチャイムが鳴らない学校も多いので、1日の流れを黒板に書いておくと、担任も子供も安心して過ごせます。

　この日は子供たちの提出物がたくさんあります。ただ集めるだけでなく、教師が子供たち一人一人とあいさつや言葉を交わせ

2学期始業式日の時程（例）

8:30～ 8:35	トイレ休憩
8:35～ 8:50	健康観察→体育館へ
8:50～ 9:20	始業式
9:20～ 9:45	教室へ移動→休憩
9:45～10:30	学級活動
10:30～10:50	20分休み
10:50～11:10	帰りの会等
11:10～12:30	引き渡し訓練

ば、子供たちは喜びます。朝、子供が来るより前に教室で待っておくと、一人一人とあいさつを交わせます。

　夏休みの作品は、朝の時間を使って、掲示していきます。立体作品は教室の棚に置き、絵や習字の作品は壁に張っていきます。子供の手を借りて準備すると、放課後に作品をすぐに評価できる状態になり、時短になります。

　夏休みのドリルなど、その他にも集めるものはたくさんあります。それらは2時間目の学級活動で、出席番号順に集める時間を取ります。後になって、どの子が未提出なのかなど、バラバラに集めると大変だからです。名簿を用意しておいて、子供たちが提出している間にチェックしておくとよいでしょう。忘れた子には個別に声を掛けて、提出物をどうしていくか一緒に考えましょう。事情があって出せない子もいるので、配慮を忘れないことが大切です。

　そして、始業式の日にできたことをしっかり評価しましょう。話をよく聞けていたり、1学期に定着させたクラスの決まりを守っていたりした子を褒め、学校生活への再適応を意図的に行います。

　提出物の処理に対する考え方は、さまざまです。以前は、コメントを入れて掲示を行うのが普通でしたが、花丸をつけたりやハンコを押したりするだけで十分という考え方もあります。それよりも「教材研究する時間を取った方がよい」という考え方です。働き方改革を意識し、本当に必要なことは何かの「線引き」をしていくことも重要です。もちろん、ただ丸を付けただけにしないよう、絵日記は文章に波線を引き、花丸をするなどの一工夫をすれば、掲示したときに「先生、ちゃんと読んでくれたんだ」と子供に思ってもらえます。

　絵日記やドリルなどは丸つけやハンコを押し、次の週までには返すようにしましょう。いつまでも置いておくと、存在自体を忘れて、思いがけない時期に返却することになりかねません。

2 感染症予防
─子供たちを感染症から守るために─

1. 感染症予防の基本的な考え方

　子供たちが集団生活を送る中で、感染症が発生した場合、大きな影響を及ぼすことになります。新型コロナウイルス感染症という新しい感染症も出現した昨今、感染症の流行を予防することは、教育の場、集団生活の場として望ましい環境を維持するとともに、子供が健康な状態で教育を受けるためにも重要です。感染症対策は、適切に予防策を講じること、また発生した場合には、早期発見・早期治療をすること、蔓延を防ぐことが大切です。また、感染症にかかっているまたはその疑いがある子供が、差別・偏見の対象となることがないような配慮も必要になってきます。

　小学校での感染症には以下のものが挙げられます。

表1　学校感染症の種類と出席停止期間（学校保健安全法施行規則第18条）

※第二種は、空気感染または飛沫感染をするもので、児童生徒の罹患が多く学校での流行の可能性の高いもの

※第三種は、学校教育活動を通じ、学校において流行を広げる可能性のあるもの

	感染症名	出席停止期間
第一種	エボラ出血熱、クリミア・コンゴ出血熱、痘そう、南米出血熱、ペスト、マールブルグ病、ラッサ熱、急性灰白髄炎（ポリオ）、ジフテリア、重症急性呼吸器症候群（SARS）、中東呼吸器症候群（MERS）、特定鳥インフルエンザ	治癒するまで
第二種	インフルエンザ、百日咳、麻しん（はしか）、流行性耳下腺炎（おたふくかぜ）、風しん、水痘（みずぼうそう）、咽頭結膜熱（プール熱）、結核、髄膜炎菌性髄膜炎	それぞれ定められた出席停止期間（学校保健安全法施行規則第19条第2号）
第三種	コレラ、細菌性赤痢、腸管出血性大腸炎感染症（O-157）、腸チフス、パラチフス、流行性角結膜炎、急性出血性結膜炎、その他の感染症【溶連菌感染症、ウイルス性肝炎、手足口病、伝染性紅斑（リンゴ病）、ヘルパンギーナ、マイコプラズマ感染症、流行性嘔吐下痢症（ロタ）、感染性胃腸炎（ノロウイルス他）】	医師が感染のおそれがないと認めるまで
	アタマジラミ、水いぼ、とびひ	出席停止必要なし

2．感染症予防の具体的な工夫

（1）ハンカチ・ティッシュ（マスク）の携帯の指導

　毎日朝の会等で確認します。ランドセルに予備のセットを入れておくよう家庭にも連絡をします。毎朝の健康観察を欠かさず行いましょう。

（2）手洗い、うがい指導

　特別活動（2）の年間指導計画で、手洗い指導や風邪予防の指導が位置付けられています。養護教諭や保健主事と連携を図り、授業を行います。また、外から帰った後は必ず手洗い、うがいをするよう指導します。

手洗い指導

（3）身の回りを清潔に保つ指導

　お道具箱の整理整頓、身支度を整える、清潔な体育着や給食着を着用する、トイレの使い方など、低学年はこまめに指導する必要があります。学年だよりなどで家庭にも協力を仰ぎます。

（4）清掃指導

　教室を清潔で安全な環境に保つため、清掃指導は欠かせません。教師も子供と共に清掃時間は清掃をしましょう。また、日頃から安全点検も欠かさず行う必要があります。

（5）具合が悪くなったときに教師に伝えることのできる子供の育成

　具合が悪くなっても言い出せない子供がいます。日頃から、体調が悪くなったらすぐに担任に申し出るよう言い聞かせておく必要があります。また、子供が教室で嘔吐（おうと）した場合には、近くにいた子を移動させ、各学校で決められている処理方法で速やかに処理をします。

―― 参考文献 ――

・公益財団法人日本学校保健会「学校において予防すべき感染症の解説　平成30（2018）年3月発行」
・文部科学省「保健主事のための実務ハンドブック」

3 2学期末～3学期始めの配慮と工夫
―冬休みを健康・安全に過ごすためのキーワード―

1. 冬休みの過ごし方

2学期最終日、冬休みの過ごし方について次のように話します。教師が一方的に話すだけでなく、子供たちが考える時間を取ると集中して話を聞きます。

> 冬休みに入ると、増えるものが三つあります。
>
> 一つ目は、（少し間を取って）「**時間**」です。
> 学校がお休みに入り、自由な時間が多くなります。
>
> 二つ目は、（少し間を取って）「**お金**」です。
> クリスマスやお正月が待っています。楽しみな人？（挙手）先生も楽しみです。
>
> さて、三つ目は何でしょう。（何人か指名して発表させる）
> 正解は、（少し間を取って）「**危険**」です。
> なぜ、危険が増えるのか。自由な時間とお金が増え、子供だけでお店に行ってしまう人がいます。どんな危険が待っているでしょう。
>
> 怖い人に声を掛けられ、お金を取られたりどこかへ連れて行かれたりしてしまうことがあります。だから、子供だけでお店に行かないようにしましょう。
> また、暗くなる時間も早くなっています。遅い時間まで外にいると交通事故にあってしまうかもしれません。暗くなる前に家に帰りましょう。
> 3学期、元気な姿でみんなに会えることを楽しみにしています。

「時間」「お金」「危険」をB4サイズの画用紙を使って掲示すると視覚的にも分かりやすく、子供たちも覚えられます。「時間」「お金」と楽しいことが続いているので、「危険」はなかなか思いつきません。少し考えさせてから提示すると「えーっ」という声が聞こえてきます。

2. 3学期初日の板書

　3学期は、3年生への準備段階としてとても大切な時期です。子供たちに多くの成功体験を積ませ、たくさん褒め、「皆さん、立派な3年生になれますよ」と伝えていくことが大切です。3学期初日から、教師の指示がなくても自分のことをやらせて、成功体験を積ませます。その意味でも、初日の板書は工夫が必要です。

　子供たちが登校したらすぐに宿題を提出させます。長々と新年のあいさつやメッセージを板書しても、多くの子供が読んでおらず、友達とのおしゃべりに夢中です。そこで、フローチャートを使って、視覚的に分かりやすく工夫します。

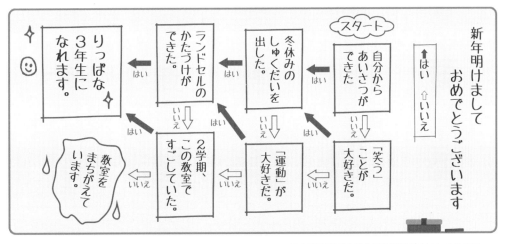

※小川拓著『効果2倍の学級づくり』から引用。

　色画用紙を使うと黒板がカラフルになって、とても見やすくなります。

　宿題は、下の写真のように配膳台を使用して提出させます。初日から「立派な3年生になれるね」をキーワードにして、たくさん褒めてあげましょう。

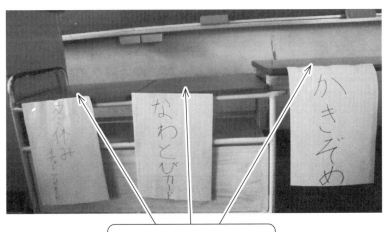

「冬休みの宿題プリント」と書かれた紙を貼る

ここに宿題を提出させる

4 学年最後の学級活動
－子供たちに
自分の成長を再認識させる－

1. 最後の学級活動に向けた準備

　修了式の1週間前には習字や掲示していたプリントなどは、子供たちに返していきます。絵など図工の作品は修了式の日に作品バッグに入れて持ち帰ることもあると思いますが、なるべく前日までに全て持ち帰らせておきましょう。

　クラスの掲示物を「欲しい」と言う子も出てきます。係活動等の掲示物は欲しい子にプレゼントし、希望者が多ければじゃんけんで決めます。

　学級通信を発行する場合は、保護者や子供に向けて、自分の思いをたっぷり込めます。その学級通信を読んで、「先生からの最後のお話」をするという方法も考えられます。

　最後の学級活動で話す内容は、次の学年を意識したものにすることが大事です。子供たちが、自分が担任を受け持った1年間を名残惜しんでくれることはうれしいですが、4月になれば、子供たちにとって新しい1年がスタートします。その時に、子供たちが「〇〇先生が良かった」「去年は楽しかった」となり、思いを引きずるようなことは決して望ましくありません。子供たちにとって、クラス替えは毎年行われるわけで、前向きに次の学年につなげ、さらなる成長を促すことが重要です。その意味でも、「自分たちが成長できたこと」を褒めて伝え、自信を持って次の学年に進んでいけるような言葉掛けを意識しましょう。

2. 最後の学級活動の進め方

(1)「お別れパーティー」の開催

　今年度のクラスと「お別れ」をする機会を演出します。例えば、「お別れパーティー」などを子供たちだけで計画させ、準備させます。教員は、必要最小限の助言にとどめ、子供たちに「自分たちだけでできた」と成長を実感させるように意識します。

　「お別れパーティー」は、当日だ

けの準備では難しいので、事前に子供たちと相談しながら進めます。何をするか迷ったら、新しいことをするのではなく、今までクラスでやってきたことで十分です。でも、もし子供から「〇〇をやりたい！」と新しいことが出てきたら、実現できるように支援してあげます。具体的に、クラスの係活動から出し物を考えてくるケースなどが考えられます。このようにして行われる「お別れパーティー」は、子供たちも意欲的に参加します。もしかしたら、子供たちから「サプライズ」があるかもしれません。以前、ある学級では音楽係という係の子が中心となり、担任とのお別れソングを演奏してくれたなんてこともありました。

（2）漢字一文字のメッセージカード

　教師からは、子供たちへの思いを伝える方法の一つとして、一人一人に漢字一字のメッセージを渡すというものがあります。小さなメッセージカードに、その子の成長や期待を込めた漢字をプレゼントするのです。

　カードは100円ショップにあるものを使用し、筆ペンで書くと文字に雰囲気が出ます。「こういう意味を込めたんだよ」と、渡すときに前向きになれるメッセージを添えると、さらに子供たちは喜びます。これも、「別れ」の演出の一つです。一人一人にメッセージを書くのは大変ですが、漢字一字であればさほど時間もかからずに作成できます。どの子供も自分のクラスの大切な子たちですので、「自分のクラスになってくれてありがとう！」という感謝の気持ちを持って、その子のよいところを表す漢字を書くとよいでしょう。

　子供たちの中には、春休みを楽しみにしている子も少なくありません。修了式の日の担任の話は1〜2分程度に収め、通信やカードで伝えたりするのがよいでしょう。「お別れパーティー」などで「別れ」を済ませたわけで、過度に名残惜しまず、次の学年にバトンを渡す気持ちを持つことも大切です。

5 修了式
―旅立つ子供たちに応援のメッセージを―

1. 修了式の基本的な考え方

　さあ、いよいよ子供たちと過ごす最後の日を迎えました。修了式とは、当該学年の学業を修めたことを校長先生が認め、修了証書を渡す式典です。通知表の裏表紙が修了証書となっていることもあります。子供たちにとっては、クラスで過ごす最後の日です。1年間の成長を褒め、次の学年への期待や希望を持たせるようにしましょう。これまで共に過ごした日々を思い出してみてください。そして、これから成長していく子供たちの姿を思い浮かべてみます。そうして、1年間担任した大事な子供たちに、どんなメッセージを伝えるかを考えてみましょう。

2. 修了式に向けた準備

　基本的には、学期末と同じスケジュールです。ただ、年度末に指導要録の締め切りが設定されていますので、冬季休業中から2月の初めまでに指導要録を作成しておくとよいでしょう。また、学年主任や管理職に、指導要録、学籍簿、健康診断表を確認してもらいましょう。

修了式に向けたおおまかなスケジュール

日程	担任として行うべきこと
冬季休業中	指導要録の総合所見等を作成。健康診断票に健康診断結果がきちんと記載してあるか確認。
1カ月前	通知表のスケジュールが職員会議等で提案される。所見に書く表彰等を確認する。
3週間前	子供に1年間がんばったことについてのアンケートを取る（所見の参考になる）。
2週間前	道徳、総合所見の完成。学年の教師に見てもらい、訂正があれば直して管理職に提出する。
10日前	所見締切日（管理職提出）。荷物の持ち帰り計画を立てる。図工の作品を返却する。
1週間前	学年で評価基準を確認し、各教科の成績を出す。指導要録の評価基準を確認し、成績を出す。

4〜5日前	がんばり賞等の準備。通知表印刷。教室の整理整頓（テスト、掲示物、作品等を返却し忘れないように）。
3日前	通知表相互確認。修了式式次第、当日の子供の動きの確認。指導要録を学年で見合う。
前日	修了式の配付物を最終確認。別れの黒板を書く。
修了式	一人一人褒めながら通知表を渡す。

3. 修了式の講話例（学級の子供たちに向けて）

　修了式の、校長先生の話をよく聞いていましたね。聞く態度が立派でした。春休みの過ごし方について、○○先生からお話がありましたが、覚えていますか？そうですね。交通事故や不審者に気を付けるようお話がありましたね。学年の代表で○○さんが修了証を受け取ってくれました。これから、皆さんに通知表を渡します。一番後ろに修了証が付いています。これは、皆さんが2年生の学習を終えたということを表すものです（一人一人に、良かったところ、がんばったところを褒めながら通知表を渡す）。

　さて、皆さん、いよいよ2年1組での1年間が終わります。この1年間どうだったでしょうか。振り返ってみてください。先生は、一人一人が大きく成長したと思います。胸を張って3年生になってください。皆さんは、先生の自慢の子供たちです。担任ではなくなってもいつまでも応援しています。3年生になっても、何にでもチャレンジして、勉強も運動も本気で取り組む皆さんでいてくださいね。1年間ありがとう。皆さんと過ごせて幸せでした。おうちの人にも、私が「ありがとうございました」と言っていたと伝えてくださいね。

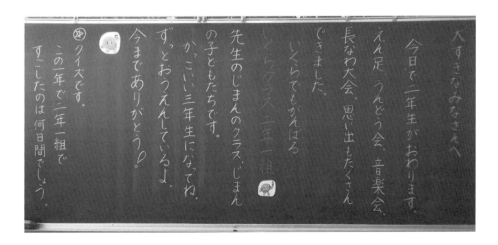

いつでも使える！
学級経営の小ネタ＆小技

　学級というのは、担任のちょっとした工夫や働き掛けで、良い方向へ向くことがあります。このPARTでは、日々の学級経営で使える小ネタや小技の数々を紹介していきます。

1 子供の主体性を伸ばす小ネタ＆小技

－自分で考え、判断し、行動する力を育む工夫－

1. 主体性を育む学級経営の留意点

　子供にとって所属する学級は、学校生活の居場所であり、心の居場所です。学級は、子供の人間形成に大きな影響を与える場となります。

　学級経営について、小学校学習指導要領では次のように定められています。

> （1）学習や生活の基盤として、教師と児童との信頼関係及び児童相互のよりよい人間関係を育てるため、日ごろから学級経営の充実を図ること。また、主に集団の場面で必要な指導や援助を行うガイダンスと、個々の児童の多様な実態を踏まえ、一人一人が抱える課題に個別に対応した指導を行うカウンセリングの双方により、児童の発達を支援すること。
>
> （2）児童が自己の存在感を実感しながら、よりよい人間関係を形成し、有意義で充実した学校生活を送る中で、現在および将来における自己実現を図っていくことができるよう、児童理解を深め、学習指導と関連付けながら生徒指導の充実を図ること。
>
> 小学校学習指導要領（平成29年告示）総則第4「児童の発達の支援」より

2. 主体性を育む具体的工夫

　社会で求められている主体性とは、「自分で考え、判断し、行動すること」だと捉えることができます。つまり、「試行錯誤し、失敗をさせ、子供の気持ちを受け止める」ことを繰り返していくことで主体性も育まれていきます。

　以下に、具体的な活動の例を挙げます。

（1）子供同士の協力が必要になる活動を取り入れる

　2年生になると、グループ学習ができるようになってきます。生活科には「まちたんけん」「おもちゃづくり」などグループ学習を取り入れやすい学習が数多くあります。「おもちゃづくり」では、同じようなおもちゃを作った子供同士をグループにするなどして、みんなで

楽しく遊ぶための工夫やルールなどを考えさせます。また、体育の中で、個人よりも多人数で取り組んだ方が有利になる活動やルールづくりをすることもできます。このような経験を積み重ねていくとよいでしょう。

（2）子供同士で話し合う機会を設ける

特別活動（1）の話し合い活動や、授業におけるグループ活動など、子供同士で話し合う機会を意図的に設けるようにします。子供の本音や困ったことも話せる集団づくりを目指しましょう。

（3）クラスの全ての子供と関わること を意識する

教師の回りにいつもいる子供だけでなく、あまり話し掛けてこない子供にも積極的に関わっていくことが大切です。毎日1回はクラス全員と言葉を交わすよう心掛けましょう。

（4）トラブルこそチャンスと考える

トラブルは起きるもの。大切なのは、トラブルが起きたらすぐ指導をすることです。その際は、教師から一方的に指導するだけでなく「なぜこうなったのか」「どうすればよかったのか」「これからどうするか」を考えさせましょう。

（5）集団生活のルールを徹底する

ルールが守られている居心地の良いクラスは、自分から「こうしよう」という主体性も生まれやすいものがあります。なぜルールが必要なのか、子供たちと確認します。

（6）係活動を工夫する

2年生の係活動は、当番活動と明確に区別していない場合も多いでしょう。仕事の内容が当番的な活動であっても、「やりたい」という子供の気持ちを尊重し、取り組みやすい活動からスタートして経験を積むことを重視します。少しずつ係的な活動にしていけるようにしましょう。

（7）授業の展開を工夫する

「主体的・対話的で深い学び」を授業改善の視点とし、「学ぶことへの興味・関心を持つ」「子供同士の対話を授業の中に取り入れる」「自分の考えを形成したり、考えを伝え合ったりする」などの場面を意図的に取り入れます。

―― 参考文献 ――

・文部科学省、国立教育政策研究所教育課程研究センター「みんなで、よりよい学級・学校生活をつくる特別活動 小学校編」

2 子供の協調性を伸ばす小ネタ&小技
―「協調性」の可視化―

1. 語りで子供たちに教える

　「お友達と仲良くしなさい！」と叱責を重ねても、子供の行動に変化は見られません。もし、見られたとしてもそれは表面的なもので、本当に心と心が通じ合った人間関係の構築にはつながらないと考えます。子供たちの相手を思いやる態度を育成するために、5月中に必ず「信頼貯金」の話をします。

（1）「信頼貯金」

「みんなはね、実は、一人一人が目に見えない大きな貯金箱を持っています。この貯金箱のことを『信頼貯金』と言います。」

「この貯金箱には、お金が入ります。どんなことをしたらお金が入るでしょう？　答えは、友達に親切にしたら入るのです。」

「友達と仲良く遊べたら、100円入ります。泣いている友達や休み時間に一人でいる友達に優しい言葉を掛けたら500円入ります。男の子とか女の子とか関係なく、誰に対しても遊びに誘ったり困っている人を助けたりすることができたら1,000円入ります。」

「今日、みんなはどれくらい信頼貯金が貯まっているかな？考えてみて（約1分）。」

「今日、A君がBさんを保健室へ連れていってくれたでしょ。あと、C君を遊びに誘っていたね。きっと、1万円くらい貯まっているかなあ。」

　子供たちが考えている時に、子供のがんばりを教師がつぶやくと効果的です。考えさせた後は、必ず発表させます。全員に発表させてもいいですし、子供たちの実態によっては指名でも構いません。

「みんなが3年生になった時、どれくらい貯まっているか。先生楽しみにしてるよ。」

　帰りの会で定期的に「今日、何円貯めることができたかな？」と聞き、意識を高めます。私は、最初の1週間は毎日、次は1週間

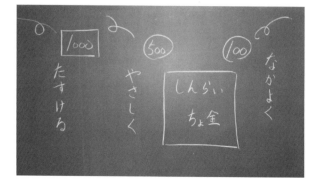

後、1カ月後とスパンを長くしながら定期的に確認すると、子供たちの意識も継続します。目に見えない信頼をイメージ化させるネタとなります。

(2)「ビー玉貯金」

　子供たちの協調性がだいぶ身に付いてきたと思ったら、次の段階として「友達の良いところを見つけること」を意識させます。帰りの会で「今日、友達の良いところを発見できた人、立ちましょう」と聞き、発表させます。最初のうちは、発表者が少ないと思いますが、「今日は、4人が発表できたね。明日は1人でも増えればこのクラスは成長できたことになるね」などと声を掛けていけば、だんだんと増えていきます。焦らないことが大切です。

　教師は、子供たちの発表を聞きながら

「今日は、〇人も発表してくれた。うれしいなあ。」
「えっ？〇〇君、〇〇さんにそんなことやってくれたの？感動したなあ。」

といった具合に少し大げさに褒めながら、瓶にビー玉を入れていきます。

「先生が感動したら瓶にビー玉を入れます。これを『ビー玉貯金』と言います。」
「先生の感動の大きさで、入れるビー玉の数は変わるよ。今日は3個。」

　入れる数は1日2〜3個がいいと思いますが、ことにより5〜6個入れても構いません。また、帰りの会のみ入れるのではなく、良いところを発見したらすぐに入れてもよいでしょう。ただし、ビー玉を入れる際は、**必ず全員が聞いているときに、何がうれしかったのかをしっかりと伝えながら**入れます。

　ビー玉、ガラス瓶は100円ショップで売っているものを活用します。子供たちの協調性ある行動が視覚化され、さらに瓶の中にきれいなビー玉が入っていくので、盛り上がります。もし、瓶がビー玉で一杯になったら、次は少し大きめの瓶を用意します。その瓶にビー玉を移し、空っぽの状態からもう一度スタートします。瓶の大きさが変わったときは、必ずこのように言います。

「瓶の大きさが変わったでしょ。これはみんなの心が大きくなった証拠だよ。」

　大切なのは、ノルマを課すような形ではなく、子供たち自身の成長を視覚化し、実感させることです。

── 参考文献 ──

・山本東矢『最高のクラスになる！学級経営365日のタイムスケジュール表』（学芸みらい）

3 外部の人との連携の小ネタ＆小技
－外部人材を積極的に巻き込もう－

1. 外部人材との連携の重要性

　学校内だけで、子供たちの成長は支えられません。保護者だけでなく、時には外部人材と連携することで、見えてくることがあります。昨今は「チーム学校」が提唱され、外部人材を積極的に取り入れながら、教育活動の質を高めていくことが求められています。外部人材と聞けば、スクールカウンセラーやスクールソーシャルワーカーなどを思い浮かべる人が多いと思いますが、最近はICT支援員やスクールサポートスタッフ、部活動支援員など、多様な人々が関わるようになってきました。教師には、そうした人たちとうまく連携していく資質能力も求められているのです。

　例えば、所属する自治体に学校生活支援員の人がいれば、学校生活に適応するのが困難な子供の生活支援をしてくれます。担任をしていると、なかなか思うように指導が通じず、難しさを感じる子供もいるかもしれません。そうした場合は1人で抱え込まず、学年の教師や管理職に相談しましょう。ケース会議等を開き、その子のクラスに必要な支援を講じてもらえる可能性もあります。

　ちなみに、生活支援員の中には、子育てを終えた母親、子育て中の母親などもいて、何年も学校教育に関わっている人もいます。遠慮なく相談し、その子に相応しい支援の在り方を模索していきましょう。

2. 気になる子がいたら、周りを巻き込む

　学校生活支援員のような人が自分の学校に配置されている場合、支援が必要な子いれば、連携しながら支援の在り方を考えます。

　まずは、授業中の様子や、休み時間の様子など、その子がどんな風に過ごしているのかを見取ります。そして、気になる点を休み時間や専科授業の時間を使って共有します。

　気になる点を共有したら、学年会などでその子に対する支援の手立てを考えます。1人で考えるよりもたくさんのアイデアが出てきますし、話を聞いてもらうだけで心理的負担は軽

減されるものです。

　手立てが見えてくれば、日々の生活の中で取り組んでみます。その手立てがうまくいったかどうか、学校生活支援員に客観的に見取ってもらったり、手伝ってもらったりしましょう。

　例えば、運動が苦手で、体育の時間になると、なかなか気持ちの切り替えができない子に付いてもらい、授業に参加できるようになるまで、側で見守ってもらうという支援も考えられます。担任はその間、体育の授業に専念することができます。その子も、気持ちを切り替えられたタイミングで、一緒に参加してもらいます。一緒に運動するのが難しい場合は、皆がいる空間で一緒に過ごすことを目当てにして過ごさせます。こんな時に支援員がいるのといないのとでは大きな違いがあります。こうして考えても、自分のクラスを良くするためには、外部人材を積極的に活用する心構えを持つことが大事です。

3.　オンラインゲストティーチャーの可能性

　外部人材との連携という点では、ゲストティーチャーによる授業が多くの学校で行われています。ある学校の実践を紹介します。

　「どうぞの机」という取り組みをされている牧師さんと縁あって、その学校ではオンラインゲストティーチャーとして、授業に参加してもらうことになりました。1時間目は道徳の授業を行い、2時間目は学習して考えたことをゲストティーチャーにインタビューするというものです。インタビューに向けて、子供たちはとても「主体的」になって質問を考え、インタビュー中はノートにメモを一生懸命書き込んでいました。

　オンラインゲストティーチャーにインタビューができたのは学年主任の教師が、牧師さんとSNSを介してやり取りを行ったからでした。コロナ禍だからこそ、生まれたアイデアとも言えます。

　このようにオンライン会議システムを使えば、いろいろな人をオンラインゲストティーチャーとして呼べる可能性があります。これからの時代は、SNSによる人とのつながりを生かした授業が増えてくるかもしれません。

 **学習評価・通知表の小ネタ&小技**
ー 正しい評価の方法と時短術 ー

1. 学習評価と学級経営の基本的な考え方

　学習評価は、学校における教育活動において、子供たちの学習状況を評価するものです。
「子供たちにどのような力が身に付いたか」という学習の成果を的確に捉え、教師が指導の改善を図るとともに子供自身が自らの学習を振り返って次の学習に向かうことができるようにすることが大切です。そのために、教育課程や学習・指導方法の改善と一貫性のある取り組みが求められています。

2. 学習評価・通知表作成等に関わる具体的な工夫
（文部科学省 国立教育政策研究所「学習評価の在り方ハンドブック」より）

（1）「知識・技能」の評価の方法
　「知識・技能」の具体的な評価方法は、ペーパーテストにおいて、事実的な知識の習得を問う問題と、知識の概念的な理解を問う問題とのバランスに配慮するなどの工夫改善を図ることが考えられます。子供が文章で説明をしたり、内容の特質に応じて観察をしたり、式やグラフで表現したりするなど、実際に知識や技能を用いる場面を評価するなど、多様な方法を取り入れましょう。

（2）「思考・判断・表現」の評価の方法
　「思考・判断・表現」の具体的な評価方法は、ペーパーテストのみならず、ワークシート等の記述内容、グループや学級における話し合い、作品の制作や表現等の多様な活動を取り入れたり、それらを集めたポートフォリオ（生活科のワークシートや図工の作品等）を活用

したりするなど工夫しましょう。

（3）「主体的に学習に取り組む態度」の評価の方法

　「主体的に学習に取り組む態度」の具体的な評価方法としては、ノートやワークシート等における記述、授業中の発言、教師による行動観察、子供による自己評価や相互評価等の状況の評価を行う際に考慮する材料の一つとして用いることが考えられます。その際、各教科等の特質に応じて、子供の発達段階や一人一人の個性を考慮しながら、「知識・技能」「思考・判断・表現」の観点の状況を踏まえた上で、評価を行う必要があります。

3. 時短術

　学期末になって、いざ評価する段階になってから子供たちの作品や様子を見始めるのでは遅く、結局は単元ごとに評価しておくのが一番の時短になります。単元ごとに評価しておくと、学期末に「材料がない！」と慌てずに済みます。点数化しておくと、後でペーパーテストの点数に加味するのも楽です。

　例えば、A＋＝50点　A＝45点　B＋＝40点　B＝35点　B－＝30点　C＝25点といった配点にします。ちょっとしたことをメモしておくと、所見欄を記述するときにも使えます。

国語	12／10 「お話のさくしゃになろう」 知識・理解	12／10 「お話のさくしゃになろう」 思考・判断・表現	12／10 「お話のさくしゃになろう」 主体的に学習に取り組む態度 発表会・作っている様子	備考（メモ）
学事　太郎	B	B＋	A	話が面白い
○○　○○	B－	B	B	挿絵が丁寧
○○　○○	A	A	B	会話文が多く◎
○○　○○	A	A	A	始め方に工夫あり

　名簿を使って、上記のように記入しておきます。子供の作品の写真を撮っておくと、後から見返すときに役立ちます。

―― 参考文献 ――

・埼玉県教育委員会「埼玉県小学校教育課程編成要領」

5 保護者対応の 小ネタ＆小技
―細目に短く連絡できるための実践―

保護者は、子供の日頃の様子が知りたいものです。学級の様子や自分の子供の様子をできるだけこまめにお伝えしていくと、保護者との信頼関係を築くことができます。具体的に、どのようにお伝えすればよいのでしょうか。ここでは「学級通信」と「一筆箋」の活用について紹介します。

1. 学級通信

通信を発行する際には、必ず学年主任（学年の教師）や管理職に報告し、許可を得ましょう。その際に、趣意説明を行うことが大切です。なぜ、学級通信を出すのかを理由も添えてお話しします。例えば、

- 初任者研修などで留守にすることが多いので、連絡漏れのないようにしたい。
- 保護者の協力を得ながら学級経営を充実させたい。

このように伝えれば、多くの場合、快く許可してもらえるでしょう。

週に1〜2回、B5サイズで発行します。来週の週案なども載せ、主に子供たちのがんばりや教師の指導方針・内容を載せます。

道徳や学級活動、ちょっとした隙間時間などで子供たちに話した内容を記述し、その後の子供たちの様子を伝えます。指導直後が最適です。必ず教師の思いをくみ取り、行動してくれる子がいます。どんなに大変な学級でも必ず一人か二人はいます。その子の行動を取り上げ、写真を載せたり文章で具体的に表現したりします。どの保護者も自分の子供が取り上げられ、褒められたらうれしく

思うものです。「先生、しっかり見てくれているなあ」と思わせることができれば、信頼関係も深まります。また、子供の良き行動をクラスに広めていくこともできます。

学年の教師や管理職にも指導してもらいながら、謙虚な姿勢を忘れないことが大切です。

2. 一筆箋

子供のがんばりや長所を見つけたら、その日に一筆箋に書いて子供に渡します。この実践には、大きな効果があります。内容に、そんなにこだわる必要はありません。周りの友達と比較せず、その子なりのがんばりを記述すればよいのです。1日で全員に渡そうと思わず、「学級開きの〇日以内」など、自分でだいたいの目途を立ててやることをお勧めします。学級開きの初日に渡すと、保護者も子供もとても喜んでくれます。

> 鈴木様
> 　今日、太郎君が教科書を運ぶのをお願いしたら気持ち良く引き受けてくれとても助かりました。大変うれしく思いお伝えさせていただいた次第です。

一筆箋一枚で、「今度の先生違う！」と思わせると言っても過言ではありません。昨年度、大変だった子や保護者にできるだけ渡せるよう意識を高めてみてください。

「わざわざ一筆箋を買わなくても連絡帳でもいいのでは？」と感じた人もいると思いますが、一筆箋をお勧めします。理由は、簡単に持ち運びができるからです。朝会など、ちょっとした時間でも書けるように、校内でも常備しておきます。また、見栄えもよく、子供たちも喜びます。

中には、「書く時間がない」という人もいるでしょう。いくら隙間時間といっても、教師は日々いろいろな対応に追われます。そのため、一筆箋をこのようにしておきます。

> 鈴木様
> 　今日、太郎君が
> とても助かりました。大変うれしく思いお伝えさせていただいた次第です。

名前と感謝の意を示す文章をあらかじめ書いておけば、あとは出来事を記入するだけです。1分もかからず完成できます。また、全員分の名前を書いて用意しておくことで、渡せていない子も把握することができます。

1年間、毎日ずっと書く必要はありませんし、無理にその日に渡す必要はありません、翌日でもよいのです。4月は毎日書いていたのに、5月に入ったら1枚も書いていないということがないよう、少しずつ継続して書いていきましょう。

6 提出物処理の 小ネタ＆小技
－早く、正確に、誠実に－

1. 提出物処理と学級経営の基本的な考え方

　宿題、家庭からの連絡帳、家庭からのアンケート調査、自主学習ノート、日記帳、各教科ノート、復習プリント、ペーパーテスト、図工や生活科の作品、ワークシート等々、学校の提出物は多岐にわたります。学級経営において、大切なことは、「できるだけ早く処理する」ことです。宿題はできるだけその日のうち、遅くても次の日には返却し、ペーパーテストも次の日には返却します。家庭からの連絡帳にはすぐに返事を書きます。自分一人で判断できないことであれば、「確認してお電話させていただきます」と書けば問題ありません。

　なぜ、早く処理することが大切なのか、それは保護者と子供たちとの信頼関係のためです。丸付けが間違いだらけだったり、宿題やテストが返ってくるのが遅かったりしたら、保護者は「この担任に任せていいものか」と心配になります。「早く、できるだけ正確に、誠実に」提出物を処理することが大切です。

2. 提出物の種類

（1）宿題や自主学習ノート

　その日のうちにチェックして出していない子供には指導します。

（2）家庭からの連絡帳やアンケート

　連絡帳はすぐに確認し、内容によっては学年主任や管理職に報告します。アンケートは、誰が出したのか名簿を使ってチェックし、提出日になっても出していただけない場合は、用紙を再配付して、連絡帳等でお知らせします。

（3）各教科のノート

　丸付けをしながら評価していきます。国語、算数はこまめに集めます。

（4）図工や生活科の作品

コメントを書きながら、評価もしてしまいます。

（5）プリント類

放課後でも構いませんが、その日のうちに丸付けをしましょう。

3. 提出物処理の具体的な工夫と時短術

（1）名簿番号を書きまくる

子供の提出物の右上に大きく名簿番号を書くと、集めた後、誰が出していないのかがすぐ分かります。音読カードやマラソンカードは、男女別や出席番号5人ずつなど色を変えた丸シールを貼ったり、番号を書くときに色を変えたりするだけで、分かりやすくなります。マラソンカードは、走った周数に色を塗らせることが多いと思います。色を塗った後は、別なところにしまわせるようにすると、色を塗っていない子供にすぐに指導できます。

（2）すき間時間を無駄にしない

宿題は朝の会で、提出のチェックをします。提出するときに、番号順に提出させるように指導しておくと、出していない子供が分かります。朝のうちに宿題をチェックしておくと、休み時間に子供と遊ぶ時間が取れます。同じく連絡帳は、「おうちの人から連絡帳に何か連絡があったら、必ず朝出してね」と指導しておきます。低学年なので、教師への質問だけでなく、友達関係のトラブルの連絡もあります。連絡を受けたら、すぐに行動開始。いじめなどにつながりそうな場合は、学年主任に連絡し、すぐに当事者を呼んで話を聞きます。結果を文章で正確に伝えるのは難しいものです。「ご連絡ありがとうございます。ご心配をおかけし申し訳ありません。放課後お電話させていただきます」と記すとよいでしょう。

また、給食を食べ終わった後、少しまとまった時間が取れると思うので、給食のすき間時間も有効活用しましょう。

（3）班ごとに仕事を割り振る

生活班で番号を割り振っておき、1番は音読カード、2番はノート類、3番は配りもの、4番は宿題などと分担を決めておくやり方もあります。現在は、新型コロナウイルス感染拡大防止のため、一人ずつ提出させている学校がほとんどだと思いますので、今後の参考にしてください。

教師と子供たちの明るい未来に向けて

　本書「はじめて受け持つ小学校2年生の学級経営」をお読みくださり、心から感謝申し上げます。「はじめに」で書いたように、本書は子供たちに「主体性」と「多様な他者と協働する力」を養うことを目指し、そのためのネタや工夫等がたくさん盛り込まれています。

　ただ、読んでいただいて分かるように、専門的な理論や理屈は、ほとんど書かれていません。それは、学級経営に困っている現場の先生に、即戦力となる情報を提供することで、不安や負担を少しでも軽減してほしいとの思いで編集しているからです。もし、「主体性」とは何か、「協働」とは何かと、理論的なことをもっと突き詰めて学びたいという方は、ぜひ他の専門書等を当たってみてください。

　今、学校は「大変な時代」を迎えています。新しい学習指導要領では、「主体的・対話的で深い学び」が導入され、これまでのコンテンツベースの学びから、コンピテンシーベースの学びへの転換が求められています。また、小学校においては教科としての外国語（英語）やプログラミング教育なども、教育課程に入りました。さらには、GIGAスクール構想で1人1台のデジタル端末が入り、それを活用した学習活動も求められています。

　次から次へと降ってくる教育改革と、ますます多様化する子供たちを前に、疲弊気味の先生も少なくないことでしょう。2021年度から、段階的に「35人学級」になるとはいえ、要求されることがこのまま増え続ければ、負担は一向に減りません。教育行政には、教師の負担軽減に向けて、抜本的な改善策を講じてほしいところです。

　多忙化解消に向けて、教師自身でできることは何かといえば、仕事を効率的にこなしていくことです。換言すれば、「手を抜くところは抜く」ということでもあります。「そんなこと、子供のことを考えたらできない」と言う先生もいるかもしれませんが、仕事を効率化することが、必ずしも子供のマイナスに作用するとは限りません。

　日本の学校教育は世界的に見ても非常に手厚く、面倒見が良いと言われています。一方で、そうした手厚さが、子供たちの主体性を奪い、受け身の指示待ち人間を育ててきたとの指摘も、最近は多くの教育関係者がしています。「手を抜く」と言うと聞こえが悪いですが、ある程度は子供自身に活動を委ね、手放していくことも必要との見方もできます。何より、

「子供のために」と、教師ががんばり続けた結果、心身を壊してしまったら元も子もありません。実際に、そうした先生方が全国にはたくさんいます。

　そうした観点から、本書では効率的に学級経営ができる工夫や小技なども数多く紹介してきました。その多くは、全国のどの学校、どの学級でもすぐに使えるものです。実際に実践してみた先生の中には、「子供たちが大きく変わった」と言う人もいます。学級経営が変わり、子供が自主的・主体的に動くようになれば、教師の負担も少なからず軽減されます。

　また、これからの小学校教師には、1〜6年の全ての学年を受け持つ資質も求められています。中には「私は低学年のスペシャリストになりたい」などと考えている人もいるかもしれませんが、そうした意向が通らない時代になりつつあるのです。その意味でも、1〜6年生の全ての学年の学習内容を把握することはもちろん、発達段階的な特性なども理解した上で、学年に適した学級経営もしていかねばなりません。学年別で編集された本書は、そうしたニーズにも対応する形で執筆・編集されていますので、ぜひ参考になさってください。

　2020年から猛威を振るう新型コロナウイルスにより、学校の教育活動には多くの制限がかかっています。係活動や当番活動、学級会なども、これまで通りのやり方ができず、苦労をされている先生も多いことでしょう。本書で紹介した実践の中にも、感染症等が蔓延している状況においてはそのまま実践するのが困難なものもあります。実践方法を工夫するなどしてご活用ください。
　より良い未来を築くために、子供、教師、保護者、地域の方々等、学校教育に関わる全ての人々が幸せになれる教育活動を共に実践、推進していきましょう。
　子供たちや先生が伸び伸びと活動できる素敵な日々が続くことを祈っています。

2021年3月

小川　拓

編著

小川　拓（おがわ・ひろし）

共栄大学准教授／元埼玉県小学校教諭

　1970年、東京都生まれ。私立、埼玉県公立学校教諭・主幹教諭を
経て、2015年度より共栄大学教育学部准教授。2007年度から埼
玉県内の若手教職員を集めた教育職人技伝道塾「ぷらすわん塾」、
2015年より「OGA 研修会」（教師即戦力養成講座）を発足させ、
若手指導に当たっている。主な図書に『効果2倍の学級づくり』
『できてるつもりの学級経営9つの改善ポイント―ビフォー・アフ
ター方式でよくわかる』『子どもが伸びるポジティブ通知表所見文
例集』（いずれも学事出版）他がある。

執筆者

大久保 裕和（埼玉県上尾市立東小学校教諭）

大澤　　龍（埼玉県和光市立第五小学校教諭）

高橋　美穂（埼玉県上尾市立大谷小学校教諭）

竹井　秀文（愛知県名古屋市立楠小学校教諭）

林　　容子（愛知県名古屋市立自由ケ丘小学校教諭）

横尾　里織（埼玉県上尾市立平方東小学校教諭）

はじめて受け持つ
小学校2年生の学級経営

2021年4月15日　第1版第1刷発行

編　著 ── 小川　拓

発行人 ── 花岡　萬之

発行所 ── 学事出版株式会社
　　　　　　〒101-0021
　　　　　　東京都千代田区外神田2-2-3
　　　　　　電話 03-3255-5471
　　　　　　http://www.gakuji.co.jp

編集担当 ── 二井　豪
編集協力 ── 株式会社コンテクスト
デザイン ── 細川 理恵（ホソカワデザイン）
印刷・製本 ── 精文堂印刷株式会社